La créativité à l'œuvre
Jacques Reverdy, peintre-plasticien
Anne-Laure Saives, professeure de management

Entretien

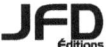

La créativité à l'œuvre
Jacques Reverdy, peintre-plasticien
Anne-Laure Saives, professeure de management
Entretien

© 2014 Éditions JFD inc.

Catalogage avant publication de Bibliothèque et Archives nationales du Québec et Bibliothèque et Archives Canada

La créativité à l'œuvre
Entretien avec Jacques Reverdy, peintre-plasticien
ISBN 978-2-923710-44-0
La créativité à l'œuvre : entretien avec Jacques Reverdy, peintre-plasticien
Comprend des références bibliographiques.
ISBN 978-2-923710-44-0
1. Reverdy, Jacques - Entretiens. 2. Peintres - France - Entretiens. I. Saives, Anne-Laure, 1971- . II. Titre.
ND553.R48A35 2014   759.4   C2014-942286-5

Éditions JFD inc.
CP 15 Succ. Rosemont
Montréal (Québec) H1X 3B6
Téléphone : 514-999-4483
Courriel : info@editionsjfd.com

Tous droits réservés.
Toute reproduction, en tout ou en partie, sous quelque forme et par quelque procédé que ce soit, est interdite sans l'autorisation écrite préalable de l'éditeur.

ISBN : 978-2-923710-44-0
Dépôt légal : 4e trimestre 2014
Bibliothèque et Archives nationales du Québec
Bibliothèque et Archives Canada

Toile sur la couverture : Jacques Reverdy, « *Silence des eaux* », huile sur toile, 100*100, 2014

Pour joindre Jacques Reverdy, consulter les sites des galeries :
Folie des Arts (Nantes) : http://www.foliedesartsnantes.org/expositions/permanente-j-reverdy/
Saatchiart : http://www.saatchiart.com/jacques-reverdy
Art Majeur : http://www.artmajeur.com/fr/esearch?q=reverdy&page=1

Graphisme de la page couverture : Jean-Sébastien Delorme
Infographie et graphisme : Daniel Jacques Jean-Sébastien Delorme
Correction et révision de texte : Eva Lavergne

Imprimé au Québec

Table des matières

Préambule 5

Présentation des interlocuteurs 7

Entretien 9

PRÉAMBULE

L'entretien qui constitue l'essentiel de ce document est la résultante d'une amitié déjà ancienne qui unit les deux interlocuteurs et d'une récente rencontre qui a fait apparaître des convergences entre deux domaines de recherche complémentaires : l'un pédagogique, l'autre artistique.

Anne-Laure Saives a préparé cet entretien à partir de son questionnement (« *Comment dépeindre sans les dénaturer création et créativité ?*[1] »), de ses stratégies pédagogiques et de la lecture de quelques-unes de mes *Notes d'atelier*. La totalité de l'entretien est improvisée, les questions ne m'ont pas été communiquées à l'avance. Le verbatim relève donc du langage parlé. De légères corrections ont cependant été apportées afin de rendre compréhensibles certaines parties et d'éliminer quelques facilités de langage. L'esprit du document a cependant été préservé, à savoir celui de l'improvisation totale en fonction du questionnement, caractérisé par l'élaboration et l'expression directe de la pensée, ce qui se traduit par des hésitations, des redites, et des bifurcations souvent hasardeuses.

Jacques Reverdy

---

[1] Pour Jacques Reverdy, la créativité se définit comme une aptitude à la création en général. Selon le *Dictionnaire historique de la langue française*, le terme « création » (v. 1220) est plus ancien que le terme « créativité », apparu en 1946 en sociopsychologie au sens de « capacité de découvrir une solution nouvelle, originale, à un problème donné », cette définition est relayée par la linguistique en 1970 au sens de « capacité de comprendre et de produire un nombre indéfini de nouveaux énoncés ».

Jacques Reverdy est peintre-plasticien, et ce, avant, pendant et après une carrière captivante de professeur d'arts plastiques dans l'enseignement secondaire et supérieur, en région angevine (France). Sa quête existentielle s'exprime au travers de la recherche picturale : « *peindre dans l'exigence!* »

J. R. a accepté de se prêter au jeu d'une longue entrevue improvisée et informelle.

Qu'il en soit très chaleureusement remercié.

Le texte qui suit retrace donc un dialogue convivial pour tenter de comprendre l'agir créatif dans ce cas particulier… Précisons cependant que si ces champs leur sont familiers du fait de leur perspective humaine et multidisciplinaire sur le travail, aucun des deux interlocuteurs n'est expert sociologue, philosophe, historien ou critique d'art. Leur conversation[2] est donc sans prétention. Elle a valeur de témoignage pour inviter au partage d'expérience.

Anne-Laure Saives

---

[2] Nous tenons à remercier ici Jérôme Roy-Marcoux, diplômé de maîtrise en sciences de la gestion de l'École des sciences de la gestion de l'Université du Québec à Montréal pour son travail de retranscription critique.

PRÉSENTATION DES INTERLOCUTEURS

Jacques Reverdy, peintre-plasticien

Formation universitaire (Panthéon-Sorbonne, Institut d'art et d'archéologie)

Professeur certifié d'arts plastiques (Éducation nationale)

Chef de travaux d'École nationale, ministère de l'Agriculture (INH Angers)

Formation d'ingénieurs paysagistes : techniques des arts plastiques, représentation de l'espace, connaissance de l'art vue au travers de la peinture de paysage, approche plastique du paysage

Chargé de cours au Centre universitaire de formation continue (Angers) : formation d'enseignants au BTS, paysage et aménagement de l'espace

Chef de travaux d'École Nationale, Ministère de l'Agriculture (INH Angers)

Chargé de cours pour l'École nationale du génie rural et des eaux et forêts (Paris) : formations sur le terrain (Auvergne, Vercors, Cantal, ...)

Interventions variées dans divers établissements d'enseignement supérieur : Toulouse, Dijon, ...

Se consacre depuis 2000 à sa propre recherche picturale : « *Espaces et transparences* »

Anne-Laure Saives, professeure

Formation en ingénierie, économie et doctorat en sciences de la gestion (stratégie)

Professeure titulaire au Département de management et technologie de l'École des sciences de la gestion (ESG) de l'Université du Québec à Montréal (UQÀM)

Formation d'étudiants au BAA et à la maîtrise (MSc., MBA) : créativité et management, management dans une perspective humaine et territoriale

Objets de recherche : territoire, lieu et espace en stratégie, milieux et lieux de la créativité, pratiques de gestion créatrices, management des idées et créativité organisationnelle, management des outils de gestion stratégique en entrepreneuriat (modèle d'affaires)

ENTRETIEN AVEC JACQUES REVERDY, PEINTRE-PLASTICIEN

Dans son atelier, à Juigné-sur-Loire, en région angevine, en mars 2014 :

Anne-Laure Saives : Comment caractériserais-tu la créativité ou l'agir créatif, ou encore la créativité dans l'action au moment où tu peins?

Jacques Reverdy : Il est évident que ce que je vais te dire, ce n'est pas, pour moi, un exposé de sociologue ou de spécialiste de la psychologie. C'est mon vécu, tel que j'ai pu le découvrir, le vivre, le construire, le nourrir, le développer et l'appliquer dans un certain nombre de domaines. Il est entendu qu'après le travail professionnel sur le paysage, je mettrai au centre de nos propos la peinture, qui est quand même – comment dirais-je – l'acmé, le point culminant de tout ce vécu. Tout converge vers cela. Et tout découle de cela. Tout va vers la peinture, et tout en revient pour irradier la vie. Ma vie. Étant entendu que ce discours, je ne l'aurais peut-être pas tenu il y a trente ans, quarante ans. En avançant dans la vie, alors qu'au départ on a une base très large, on touche à tout et peu à peu, il y a des choses qui se condensent, qui se focalisent, qui s'agrègent et qui ont tendance à converger, un peu comme le cours d'eau qui tend à drainer tous les affluents. De toutes les approches que l'on aurait pu faire, il y a un moment où on se rend compte, où on réalise, où on pense qu'elles vont vers un cours central majeur qui a tout capté et qui devient très exigeant, de plus en plus exigeant, en ce sens que si tu n'es pas dans ce cours principal et si tu t'aventures dans ses affluents plus ou moins secondaires, tu te dis : « Je perds du temps. »

A.-L. S. : Ce cours, comment le définirais-tu? Est-il forgé par ce langage que tu as trouvé...?

J. R. : ... Qui s'exprime au travers de la peinture. Qui a complètement structuré ma vie. J'en ai eu le soupçon très tôt mais, au départ, l'entrée dans la vie et dans une profession ont limité le temps consacré à l'activité artistique. Ma profession a été quand même très exigeante, très captatrice. Même si j'ai toujours peint, toujours dessiné, il est clair que la profession a toujours été prenante. Pendant de grandes périodes, je ne pouvais pas m'évader vers la peinture autant que je l'aurais voulu. À l'heure actuelle, le discours que je tiens correspond à une période donnée de ma vie, la plus disponible mais aussi celle qui fait naître un sentiment d'urgence.

A.-L. S. : Où tu es sur ce chemin-là, sur ce sillon?

J. R. : Le reste étant du parasitage.

A.-L. S. : Alors, ce cours majeur... tu en as toujours eu l'intuition?

J. R. : Bien sûr, bien sûr. Et de plus en plus, depuis déjà pas mal d'années, ne serait-ce que par le fait d'avoir cessé les activités professionnelles. À partir de là, c'est devenu totalement envahissant. Tu vois, autrefois, pendant l'activité professionnelle, je faisais de passionnantes interventions ici ou là. Tu vois bien le genre de travail que tu as... J'étais très pris par cela, même si les années que j'ai passées auprès des ingénieurs [comme enseignant] étaient des applications, ce n'était pas vraiment une activité créatrice totalement... Comment dirais-je? C'était de l'art qui était appliqué au paysage, même si je développais par ailleurs un discours sur l'art. Alors qu'avec le second cycle du lycée, la problématique était différente, c'est-à-dire que mon rôle auprès des élèves était de leur permettre de comprendre et de résoudre leur monde, leur positionnement par rapport au monde avec leurs propres moyens au travers des arts plastiques. C'était cela, ma mission. Ce n'était pas de les former à un métier. L'évaluation était d'ordre institutionnel à partir du thème proposé, des contraintes pédagogiques imposées, jusqu'à la sanction finale qui était établie à partir d'une grille d'évaluation qu'ils connaissaient dès le départ. Leur cheminement intellectuel et pratique était balisé par les exigences du départ. De même que dans le cas de l'enseignement du paysage, le cheminement des futurs ingénieurs était balisé par des conditions de départ, par une réflexion divergente pour aboutir à une réalisation qui était appliquée et qui était soumise au jugement d'un tiers, en l'occurrence le commanditaire.

A.-L. S. : C'était un univers sous contrainte. Tu dis beaucoup « balise ».

J. R. : Oui. Cela veut dire qu'il y a des conditions. Dans le premier cas, au lycée, c'était la formation de la personnalité. Il était de ma responsabilité professionnelle et de ma déontologie d'enseignant que ces balises et ces paramètres soient établis, au départ, parce qu'ils devaient me conduire à une meilleure connaissance de l'élève. Mais le jugement final, c'était le mien par rapport à une institution et à la demande d'une institution. On me donnait le droit et le devoir de procéder à une évaluation par rapport à ces contraintes pédagogiques annoncées d'avance. Par contre, dès l'instant où l'on sort du domaine institutionnel, je ne me reconnais plus le droit de donner des conseils ou d'exprimer un jugement sur le travail d'autrui, sauf si c'est un ami proche qui me le demande. Dans mon travail de recherche picturale, en revanche, je suis complètement libre. Ce qui importe, c'est la sincérité.

Mais j'observe que ce qui est valorisé actuellement en art est de plus en plus étroitement lié à un commerce. Il faut souvent que l'artiste soit en mesure de composer avec les pouvoirs financiers, institutionnels, les collectionneurs etc. Fabrice Hyber ou Christo par exemple l'ont remarquablement intégré dans leur travail Mais tout ce qui t'est présenté en art aujourd'hui est assorti d'une évaluation, d'un chiffrage. Je crains que l'aspect commercial et spéculatif ne prenne le pas sur l'œuvre elle-même. Il faut peut-être même craindre à terme la mort d'une certaine forme d'art dans la société contemporaine.

A.-L. S. : Je crois que ton fil conducteur, il est là. Il est dans la sincérité, l'authenticité dont tu revendiques qu'elle est à l'origine de ton travail. La sincérité, quand tu parles de cette tension énergétique qui t'amène au langage de la peinture. Je le ressens comme une énergie, comme une sorte de force motrice, quelque chose de préréflexif qui t'habite depuis…

J. R. : Depuis toujours, oui. Depuis toujours.

A.-L. S. : As-tu identifié toutes les expositions, les influences, les déterminants qui ont fait que tu as cultivé cette énergie ? Tu me disais que tu dessinais. Ton père dessinait ?

J. R. : Mon père, oui. Mon père reproduisait des cartes postales. Je ne vais pas entrer dans des détails trop personnels, parce que c'est complètement anecdotique. Cela n'est pas une question de discrétion mais je ne voudrais pas sombrer dans l'anecdotique quand tu cherches à dégager des choses plus générales…

A.-L. S. : Par exemple, un mot qui m'a frappée dans tes écrits[3] : lumière, l'intensité de la lumière. Tout à l'heure, tu me disais : « Je viens de Carcassonne. Je suis un enfant du soleil. » Est-ce qu'il y a là quelque chose qui t'habite et qui habite ton travail ?

J. R. : C'est probable. Je suis persuadé que la dichotomie Espagne-France, que cette double culture joue, même si au départ j'ai toujours vécu en France… Mon père était Français, il a épousé celle qui est devenue ma mère, venue en France à l'âge de neuf ans. Ma famille espagnole avait fui l'Espagne en 1929, en raison de la misère. Je pense que cette double culture a joué pour moi un rôle très essentiel. Très, très essentiel. Quand je vais en Espagne je ne suis pas « touriste », j'ai le sentiment d'y être un peu chez moi.

J'ai fait par ailleurs des rencontres essentielles. Très, très, vite. Alors que j'avais treize ou quatorze ans. Je ne sais plus. J'avais déjà en tête ces images de mon père peignant. Un

---

[3] *Notes d'atelier* de Jacques Reverdy, rédigées à différentes périodes sur une vingtaine d'années.

jour, le professeur de français nous avait conduits au Musée de Carcassonne. J'étais en quatrième, je crois. Il nous avait mis devant une petite toile de Chardin (une *Nature morte sur une table*) et il nous a fait tout un commentaire. Cela fut pour moi un souvenir indélébile. Indélébile! Deux ou trois ans après, j'avais de la famille à Albi, et je suis allé, seul, visiter le Musée Toulouse-Lautrec, qui a été également un enchantement, et toute mon exaltation s'est développée à partir de cela. J'avais aussi un copain qui était au collège avec moi et qui, un jour, alors que j'avais dix-huit ou vingt ans, est revenu me voir. On ne se voyait plus. J'étais ici, déjà. Il est revenu chez mes parents. Ce sont mes parents qui me l'ont dit. Il voulait faire des études d'art et il venait me voir pour que je le conseille. Je n'ai jamais compris pourquoi. Je n'ai jamais su pourquoi il était persuadé que je pouvais le conseiller là-dessus. Il est devenu professeur d'arts plastiques. Il est peintre.

A.-L. S. : Il avait détecté une sensibilité chez toi.

J. R. : Je ne sais pas. Je n'ai jamais su pourquoi.

A.-L. S. : Cela t'a conforté dans l'image que tu te faisais de toi?

J. R. : Alors, cela m'a appris à surtout… à l'âge de quatorze ou quinze ans, comme j'étudiais l'espagnol, on m'a mis en relation avec un garçon plus âgé que moi, Antonio. Il était le neveu d'un oncle par alliance d'origine espagnole. Il est venu chez moi, en 1961, nous correspondions depuis plusieurs années. La rencontre fut déterminante pour nous deux. En 1977 ou 1978, je ne sais plus, j'ai fait une exposition à Carcassonne dans une Galerie. Une personne s'était intéressée à ce que je faisais. J'en ai informé Antonio, qui me dit sans hésiter : « J'arrive! » Et là, pour moi, ce fut à nouveau la découverte de quelqu'un de plus âgé que moi, de très vaste culture – comme on le dirait en espagnol, *muy castizo*. Quelqu'un de typique de l'Espagne, de l'image à la fois républicaine et de l'image de quelqu'un de très cultivé. Il avait le plus haut niveau dans l'étude des arts en Espagne. Il était *catedrático*. Si tu veux, comme toi, c'est l'équivalent de professeur d'université.

Avec Antonio, ce fut une rencontre fabuleuse. J'ose dire, en toute modestie, aussi bien pour lui que pour moi. Pour moi, de découvrir quelqu'un qui avait quelques encablures d'avance par rapport à moi en matière de culture. Il découvrit que les Français n'étaient pas du tout, contrairement à ce que sa culture lui avait enseigné, les soudards de Napoléon 1er et de Joseph, le frère de Napoléon, qui a commis en Espagne des atrocités. Il a réalisé qu'il y avait des Français qui s'intéressaient à la culture, à l'art, à la réflexion, au travers de moi, dans un premier temps. Et là, on a vécu quelque chose de très intense. Antonio avait une pratique picturale très académique. Extrêmement académique. Lui, il voulait peindre comme Raphaël. La peinture de la Renaissance. Cela correspondait à la culture qu'il avait reçue.

A.-L. S. : Les objets, les scènes qu'il peignait...?

J. R. : C'étaient des Annonciations... Et du portrait. Les Espagnols...

A.-L. S. : Demandaient encore à l'époque des portraits?

J. R. : Voilà. Le portrait était encore demandé. D'ailleurs, il a peint mon portrait, très bien réussi. Hélas, comme nous avons eu un incendie, le portrait a été détruit. Avec Antonio, ce fut donc une rencontre vraiment extraordinaire. C'était la confrontation de deux mondes où lui créait à l'image de Raphaël, de la Renaissance, de Velasquez un peu plus tard, et moi, j'étais dans une démarche, même si elle se fondait sur le figuratif qu'il connaissait, où j'avais ce goût de l'aventure et de la recherche au risque d'aller à l'échec. Il me disait qu'il n'était pas peintre. Il était dans une démarche académique. Il me disait : « Tu es peintre! » Antonio nous a quittés, trop tôt, beaucoup trop tôt. Après, il y a eu d'autres rencontres.

À l'intérieur de l'œuvre peinte, la main est libre d'écrire en transgressant le discours général. Il est cependant clair que le peintre peut à chaque instant corriger, infléchir, effacer... Ce qui reste sur la toile

> *est accepté de manière consciente. Ainsi Cézanne af-*
> *firmait-il que ce qui est important dans un tableau, ce*
> *n'est pas ce qui reste mais ce qui a été enlevé. [...]*
>
> *Il me semble que le geste, la trajectoire, la structure,*
> *sont autant de signes, de traces qui expriment une vo-*
> *lonté organisatrice, un désir irrépressible de créer un*
> *« objet » nouveau, une « réalité nouvelle ».*
>
> (J. Reverdy, Notes d'atelier)

A.-L. S. : Dans ces rencontres, que se passe-t-il ? Te sens-tu conforté dans le langage que tu as choisi, dans l'être que tu es, dans le rapport au monde que tu as constitué ?

J. R. : C'est-à-dire qu'il y a une interactivité inévitablement. Je crois que les rencontres, quand je dis qu'elles me paraissent essentielles, encore faut-il être en mesure de les identifier, de les reconnaître, de les accepter et de se laisser influencer. Ou de dévier sa vie par rapport à son cours du moment. Si je reprends la métaphore de l'eau : elle rencontre le rocher. Elle se divise en deux. Elle contourne. Voilà. Je veux dire que la même rencontre n'est pas valable pour tout le monde. C'est parce que quelque part tu es prêt à la recevoir, à l'identifier et à l'accepter. Et avoir l'humilité, la simplicité, le naturel et la sincérité de l'accepter pleinement ou de la refuser si elle est néfaste. Donc j'ai connu quelques rencontres de ce type qui, pour moi, ont fait sens. D'une manière très profonde. Très vitale. Très intense. Je ne parle même pas de la rencontre avec Claude, mon épouse. Cela est aussi très important. Même si, après, cela devient un élément structurant de la vie d'une autre nature.

Les rencontres au cours d'une période... J'en ai eu d'autres. J'ai rencontré un peintre qui m'a donné des cours. Pas des cours de pratique, mais sa pensée m'a profondément marqué. Pas ce qu'il faisait, mais sa pensée. Il s'appelait James Guitet : il a été l'un des peintres importants des années 1950 en France. Dans tous les recueils d'histoire de la peinture abstraite des années 1950, Guitet y figure. Il est d'origine nantaise. Il y a des œuvres de lui au Musée des Beaux-Arts de Nantes. Il était un ami d'enfance de Michel Ragon, l'un des très grands critiques des années 1950, de peinture, sculpture, architecture. En matière de critique d'art, Michel Ragon a accompagné les peintres des années 1950 comme Guitet, son ami. Quand Guitet allait peindre à l'extérieur, Ragon était avec lui. Et il a créé pour James Guitet, pour son œuvre, un vocable, un concept, qu'il appelait le « paysagisme abstrait ». Le paysagisme abstrait : Guitet a essayé de dégager du paysage les données plastiques signifiantes qui lui paraissent essentielles. Le paysage peut apporter une multiplicité d'informations, ne serait-ce que lorsque le regard humain se pose sur lui : il y a les traces humaines, il y a des éléments morphologiques, géomorphologiques. Il y a des lignes. Il y a des masses. Il y a des couleurs. Il y a des lumières. Il y a tout cela qui donne corps à tout un discours d'un point de vue visuel sur le paysage. Guitet extrayait de tout cela les éléments fondamentaux, nourri aussi par la philosophie de Stéphane Lupasco, de Gaston Bachelard.

Et moi, j'ai écouté James Guitet, que j'ai rencontré plusieurs fois, qui est venu ici, à l'atelier. Il est décédé maintenant. Il n'y a pas très longtemps. Sa recherche était plutôt intellectualisée, ce qu'il appelait la picturalité était souvent discret. En évoquant cette picturalité, je veux mettre en évidence la notion de joie de peindre, la jubilation de peindre qui peut revêtir des formes très différentes selon les individus. Je pense que chez moi, il y a une certaine exubérance qui m'est nécessaire.

A.-L. S. : Tu entends bien l'exubérance ici comme une sorte de densité expressive?

J. R. : Oui. Il se peut d'ailleurs que cette joie de peindre passe aussi par une recherche de minimalisme. Et j'aborderai un autre point qui paraît très essentiel. Il y a un moment aussi où – je pense que cela va avec l'évolution de l'âge – je me suis dit : « Je laisse de côté tout ce qui peut me déranger. Tout ce qui peut m'égarer. » Je ne dirais pas « tout ce qui ne me sert à rien ». C'est peut-être un peu excessif ou prétentieux. Ne pas perdre la curiosité, mais en même temps, je ne veux pas me laisser disperser. Je suis dans mon travail. Je suis dans ma recherche. Je creuse mon sillon. Quand tu creuses un sillon, même avec un tracteur (je ne l'ai jamais fait!), si tu n'as pas les yeux qui portent loin devant, ton sillon ne sera pas droit. Tu ne peux le tracer droit et de manière déterminée que si tu regardes le point d'aboutissement.

A.-L. S. : Alors parle-moi de ce « là-bas ». Parce que tu penses sans intentionnalité a priori. Il n'y a pas de fin connue, déterminée. Tu ne sais pas à quoi va ressembler ta toile à la fin…

J. R. : Non. Mais elle ressemble toujours à la même chose.

A.-L. S. : Mais qu'as-tu dans le corps et dans la tête…?

J. R. : Je fais exprès de te mettre dans l'embarras. En fait, si on va directement à l'aboutissement et qu'on laisse tomber les prémisses… C'est l'aboutissement qui va donner la réponse initiale. En fait, d'ailleurs il y a quelqu'un qui l'a dit, il faudrait que je retrouve la phrase exacte, à savoir que de toute façon, quoi que tu fasses, quand tu arriveras au terme, ce sera ton propre portrait. En réalité, c'est cela. Il y a toujours une sorte d'aller-retour dans la réflexion. Tu as pu le voir dans ce que j'ai écrit. Un aller-retour entre « Je fais comme cela », et « Pourquoi est-ce que je fais comme cela? » J'ai l'impression de faire toujours la même chose et j'aboutis toujours au même type de résultat, même si le chemin est toujours aussi difficile.

A.-L. S. : Est-ce que le chemin est nouveau à chaque fois ou pas?

J. R. : Ce sont les solutions mises en œuvre qui sont toujours différentes. Mais en fait, elles tendent toujours à être les mêmes! C'est ce que tu recherches au plus profond de toi-même… Les solutions viennent de là! Je précise que lorsque je suis dans le figuratif, par contre, j'utilise les principes constructifs de la perspective classique, qui sont des outils, des données extérieures. C'était d'ailleurs l'une des composantes de mon enseignement auprès des paysagistes. Si je te montre… [*Jacques part fouiller dans ses cartons à dessin.*]

A.-L. S. : Tu emportes toujours avec toi des carnets de dessins quand tu peins en dehors d'ici?

J. R. : Que je n'utilise pas toujours. Cela dépend. Je me sers de la perspective, de moyens classiques. Voilà. [*Tendant des petits dessins à l'aquarelle.*] Voici Bruges. Ici, Venise. Il y en a d'autres, des visages. Ce sont des « prises de notes » qui enrichissent le regard et qui, pour moi, constituent une évasion par rapport au non-figuratif, un contact direct avec le réel visible. Le dessin au sens traditionnel du terme fait partie du quotidien et n'est pas réservé au voyage. Ma recherche fondamentale intègre toutes ces données, figuratives ou non.

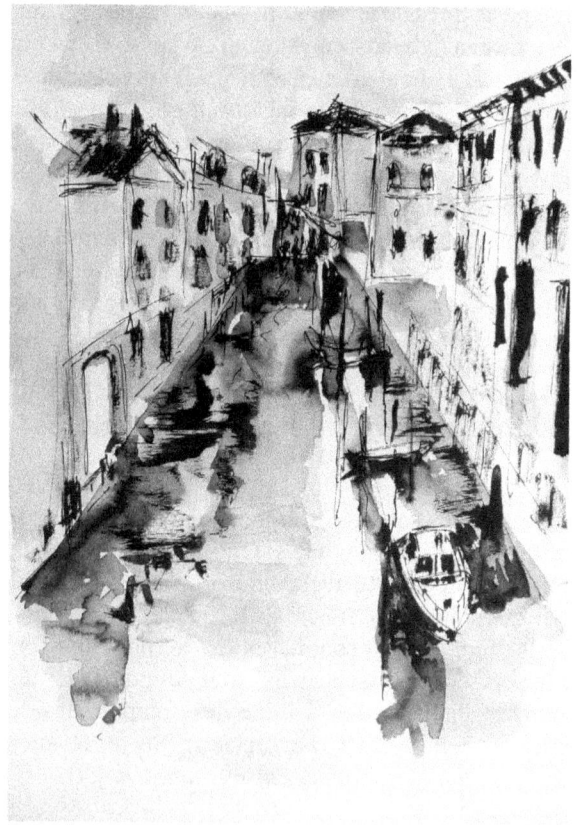

Venise, figuratif, 5 décembre 2013, 42*30.

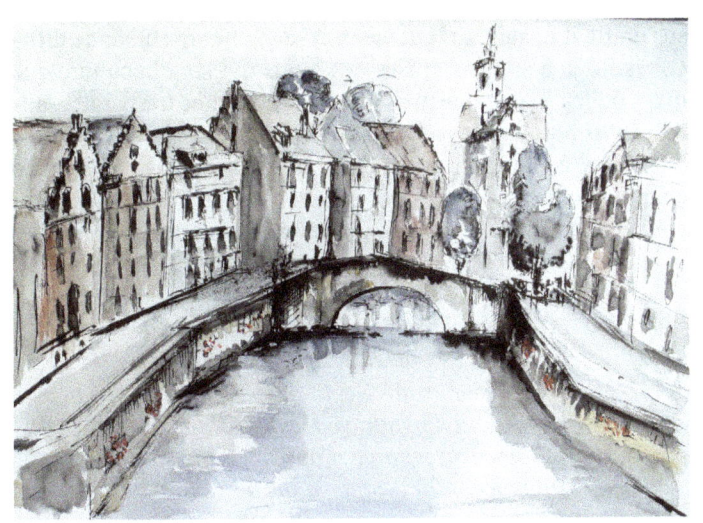

Bruges, figuratif, 13 décembre 2013, 30*42

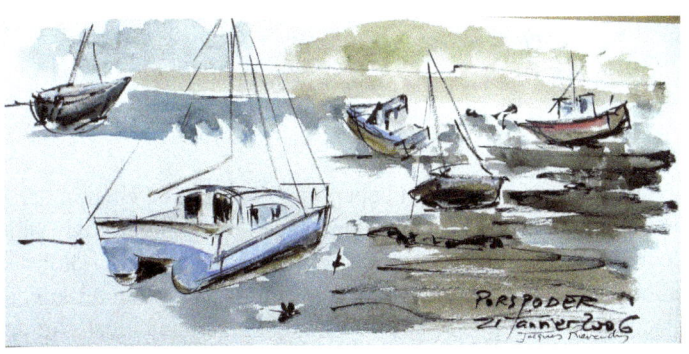

Sans titre, figuratif, 21 janvier 2006.

A.-L. S. : Ton sillon, ta recherche. Le mot est important : recherche.

J. R. : Pour moi, c'est un travail de recherche. Je me compare à toi dans ta recherche ou même à l'entomologiste qui à partir de l'insecte va finir par se focaliser sur le troisième segment de la quatrième mandibule et y consacrer le reste de sa vie… Tu tires sur un fil et tu suis. Et tout vient. Avec toujours autant de difficultés. Même si tu mobilises des outils qui sont la culture que tu as, ou les échecs que tu as pu subir. Un échec me paraît d'ailleurs plus porteur d'enseignements qu'une réussite. En général, quand on connaît un échec, la fois d'après, il y a de fortes chances pour que le désir de revanche soit favorable. Quand tu connais une réussite, tu n'as qu'une hâte, c'est de recommencer la réussite et là, l'échec n'est pas loin. Souvent.

> *La recherche artistique me paraît refléter dans sa complexité la solitude de l'individu confronté à cet espace trop grand pour lui : il s'agit bien d'élaborer un nouvel objet susceptible d'apporter une solution au conflit évoqué, dans un réflexe de survie.*
>
> *La peinture comme outil inédit d'interprétation et de compréhension du monde, comme résonance salvatrice des questionnements induits.*
>
> *(J. Reverdy,* Notes d'atelier*)*

Tu mobilises tout cela pour construire ce chemin dans lequel personne ne t'a jamais demandé de t'engager, mais vers lequel tu as quelque chose de très impérieux qui te pousse à aller parce que c'est un terrain d'aventures. C'est un terrain de découvertes, d'où la relation à l'imaginaire et à la créativité. Je n'ai pas envie de refaire ce que j'ai déjà fait, et pourtant c'est vers cela que je vais. Et là, je m'aperçois que cela, je le dois à James Guitet, qui m'a donné, une fois, une leçon. James Guitet me disait : « Il faut être intuitif au moment de la création; intelligent entre deux créations. » Cela veut dire qu'au moment de la création, tu mobilises tous ces éléments – l'énergie physique, psychique, l'état physiologique, etc. C'est l'intuition forgée par la mémoire et l'expérience de ce qui a déjà été fait qui prime. On mobilise tout ce que l'on a en soi et, dans un moment donné, dans des phases données, il s'établit une sorte de fulgurance qui fait que tout cela doit se condenser simultanément en perdant la démarche hypothético-déductive que l'on nous a enseignée et qui fait que tu poses des hypothèses et que tu développes des recherches. Non, tout se passe en même temps. Je prends souvent l'exemple du geste sportif. Quand le tennisman frappe sa balle, il n'est pas en train de penser à tout ce qu'on lui a enseigné. Il a dépassé tout ce qui lui a été enseigné et, à l'instant T, il faut qu'il mette toute son énergie et tout son corps dans son coup. Tout son psychisme. J'ai joué à la pétanque. La plupart du temps, j'étais tireur. Dans les moments où la concentration était parfaite, où tout fonctionnait très bien, quand la boule partait de la main, je savais qu'elle allait frapper. Je savais, dans les grands moments, quand la boule quittait ma main, qu'elle allait toucher à huit ou dix mètres. Je le savais… Cette anecdote peut paraître dérisoire mais elle illustre bien le geste créatif, une forme de certitude non raisonnée.

A.-L. S. : Ce sont des moments de grâce?

J. R. : Ce sont des moments exceptionnels.

A.-L. S. : Le même geste, tu ne peux pas le reproduire…

J. R. : Non. Tu ne peux pas le reproduire si tu fais trop intervenir l'intellect. Quand tu as cette espèce de fulgurance où tout se trouve coagulé dans un instant très bref qui fait que tu as la réussite. Tu sais.

A.-L. S. : Dans l'un de tes textes de *Notes d'atelier*, tu t'interroges : le tableau n'est-il pas à la fois un début et une fin? Peut-être vois-tu un vaste tableau continu depuis que tu as commencé à peindre? Tu dis aussi qu'un moment très angoissant, c'est la fin. Mais cette fulgurance dont tu parles, elle se situe où? Est-ce qu'elle est au début du tableau au moment où tu te dis « je me lance sur cette toile blanche », ou est-ce qu'elle est diffuse dans tout ce processus de création?

J. R. : Si je parle de fulgurance dans ce geste sportif qu'est le coup de pied du joueur de football qui a tiré à trente mètres des buts... Il sait à l'instant précis où sont les adversaires, où sont les partenaires. Il sait déjà que la balle va entrer. Au moment où il frappe, il le sait. Cela dure le temps d'un éclair. Très vite. Pour la course à pied... lorsque tu démarres pour faire quinze kilomètres, dix-huit kilomètres... les trois premiers kilomètres, tu as mal partout. Tu as mal partout, parce que tu sors de chez toi. Tu as fait des étirements. Il fait froid. Il pleut à moitié. Tu te dis : « Où est-ce que je vais? Il y a du vent. » Pendant deux ou trois kilomètres, tu te dis : « J'aurais mieux fait de rester. » Tu te dis en pensée ce que tu aurais dû faire. Ce que tu aurais pu faire autrement. À un moment donné, tu as la mécanique qui se met à fonctionner. Pendant un temps, tu as une sorte de fusion du rythme respiratoire et de ta mécanique. Je parle vraiment au sens mécanique du terme. Tu as les segments, les bras, les jambes, qui fonctionnent admirablement ensemble. Tu as une sensation d'invulnérabilité. J'ai déjà couru sous l'orage. Une sensation d'invulnérabilité. Tu pourrais faire des kilomètres comme cela à n'en plus finir. Je me programmais pour un parcours donné. Je n'en faisais jamais plus et jamais moins. Toujours pile ce que j'avais prévu, parce que je connaissais mes trajets par ici. À un moment donné, tu sais que tu approches de la fin, et à deux kilomètres, tu recommences à souffrir.

A.-L. S. : Ce qui est ici comparable avec ton travail de peintre, c'est ce flux créatif que tu appelles la fulgurance, où tu es en parfaite synchronisation avec ce que tu fais, ce que tu voudrais faire, la technique dont tu disposes, le temps...

J. R. : Exactement. Dans la phase d'exécution, dans la phase de travail, ce sont des sections de travail qui pourraient conduire à une toile réalisée, aboutie sur une séance... c'est plutôt rare.

A.-L. S. : Ce que tu appelles une séance, c'est quoi?

J. R. : Je me mets au travail en principe à 9 h. Vers 11 h ou 13 h, je terminerais idéalement. Sur un petit format, cela est concevable. Sur un format plus grand, cela ne me paraît ni concevable, ni souhaitable. Il y a une phase de mise en œuvre. « Où est-ce que je vais? » Il faut se lancer. L'expérience fait que cela ne me pose pas de problèmes. Encore que, avant de jeter le premier geste, une ligne, une couleur, une masse, un premier trait… avant de le faire, je me prépare.

A.-L. S. : Qu'est-ce qui se passe lorsque tu dis : « Je me prépare »?

J. R. : Il y a une sorte de rituel de la préparation : le costume pour le comédien, quelques « manies » pour moi : la blouse, une vieille paire de chaussures, les outils familiers, rangés, la musique… Cela veut dire aussi que j'ai quelques photos. Des photos là-bas. Je regarde une photo. Je regarde une photo de peinture que j'ai déjà réalisée. J'ai deux écrans. Celui-ci est pour le travail de type crayon, aquarelle. Celui-là, je m'en sers quand je peins. Je vais mettre une photo. Une photo que j'ai prise en Norvège ou je ne sais où. Une image qui m'apporte une dimension extérieure qui est de l'ordre du souvenir, qui va me rassurer, sur laquelle je vais jeter un coup d'œil. Je vais l'effleurer du regard. Quand je suis en détresse, je vais peut-être la regarder de nouveau pour trouver une direction, un prétexte, elles ne servent jamais à autre chose qu'à me « protéger ». C'est confus. Aussi et surtout l'enveloppe musicale. Cela joue un rôle essentiel.

A.-L. S. : Juste une précision : les images que tu projettes, sont-ce toujours des images qui se réfèrent à des souvenirs qui te sont propres ou peuvent-elles représenter quelque chose de complètement extérieur à toi? Une image d'une ville que tu n'as jamais visitée? Est-ce qu'elles ont toujours un lien direct avec toi?

J. R. : En général, oui. Ce sont des photos que j'ai prises. Ou bien, si c'est du travail figuratif, je vais pouvoir me référer à des photos extérieures. Parce que j'ai besoin d'un soutien visuel, si j'ai envie de dessiner un cheval, par exemple. Je ne peux pas dessiner un cheval de mémoire, je ne suis pas assez familier avec les chevaux…

A.-L. S. : Cela t'arrive donc de faire du dessin figuratif?

J. R. : Oui, bien sûr. J'en ai plein. Des portraits…

A.-L. S. : Tu passes aussi par ces langages? Je pensais que tu avais essentiellement deux types de création : le dessin [techniques mixtes sur papier], que je surnomme la « calligraphie », et la peinture « abstraite ».

J. R. : Non, je fais aussi du travail figuratif…

A.-L. S. : Donc, quand tu parles de non-dispersion, c'est dans l'énergie qui est canalisée dans la création, mais cela peut prendre différents types de langages picturaux.

J. R. : Oui. Je précise par ailleurs que je n'utilise guère l'expression « peinture abstraite », mais plutôt celle de « peinture non-figurative » : ce que je fais est bien réel et s'adresse aux sens aussi bien qu'à l'intellect. C'est du moins ce que je souhaite.

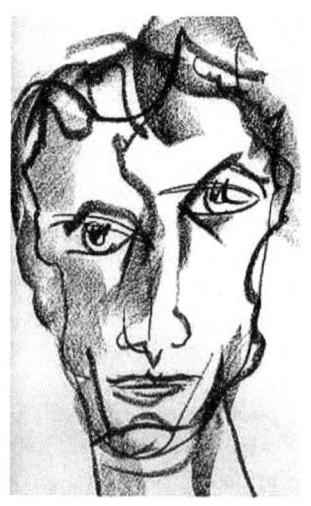 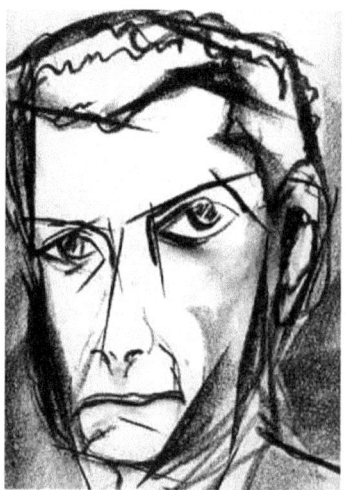

Tête 2, figuratif   *Tête 6*, figuratif

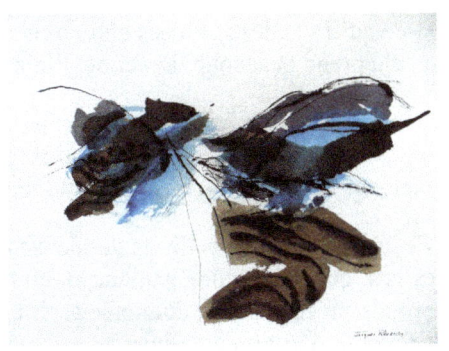

Caminando, 4 novembre 2012, 36*48,
techniques mixtes sur papier

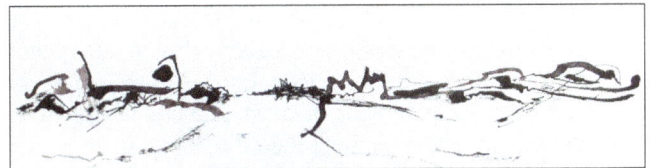

Encre, 2 avril 2014, 10*40,
techniques mixtes sur papier

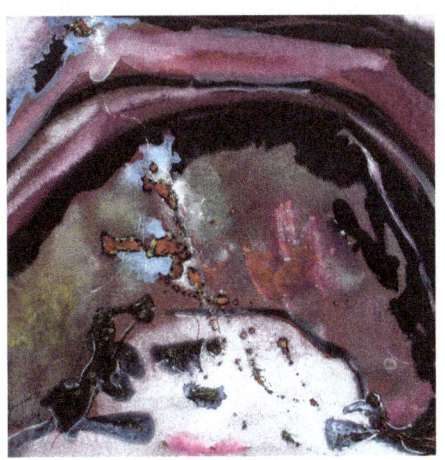

Dendrites 1, 11 février 2012, 20*20
techniques mixtes sur papier

A.-L. S. : Est-ce qu'il y a des matinées où tu n'as pas envie de peindre? Car cela prend beaucoup d'énergie, j'imagine.

J. R. : Cela peut se produire. Je peux être pris par autre chose ou ne pas être assez en forme pour peindre. Cela peut se produire. À ce moment-là, je traîne cela comme un remords.

A.-L. S. : Effectivement, tu m'as dit, la dernière fois que nous nous sommes vus, que la peinture est pour toi un travail. Si je relie à nos propos précédents, je dois préciser : un travail de recherche. Il faudrait que tu me définisses ce mot, « travail ». Ne produis-tu pas une œuvre?

J. R. : J'ai été interpelé là-dessus par un sociologue. Nous avions déjeuné ensemble. Il me querellait sur le terme « travail » que j'utilisais. Le travail, cela donne droit à une rémunération. Il prenait cela dans un sens marxiste. Je veux garder ce terme de « travail », parce que cela est lié à une technicité et à une démarche qui est une démarche de travailleur. Je ne peux pas le dire d'une autre façon. Je n'ose utiliser le terme d'« œuvre », en raison de sa connotation emphatique.

A.-L. S. : Donc, dans cette phase préparatoire, tu te mets en situation avec un certain nombre d'images. Toi-même, tu en fais la collection. Tu te nourris d'un certain nombre de couleurs, de formes que tu glanes çà et là. Est-ce qu'il t'arrive de fouiller, de retourner à de vieux contenus, des choses que tu as collectées il y a vingt ans? Est-ce que tu te fais en quelque sorte un tableau intérieur?

J. R. : Oui, oui. En grande partie. J'ai des piles de papiers où il y a des bouts de croquis, d'esquisses qui ont été faits et qui peuvent sommeiller pendant des années. Je les manipule et j'en élimine parfois. J'en garde beaucoup et, un beau jour, tiens! l'idée que je cherchais, elle est là! L'essai sorti de la pile devient signifiant à cet instant et devient l'élément déclencheur.

A.-L. S. : D'accord, une sorte d'imprégnation, de maturation, pour déclencher une illumination…

J. R. : C'est le tremplin pour autre chose. Cela rejoint la créativité et l'imaginaire.

Et puis, à un moment donné… tu as peut-être pu toi-même employer un mot dans un texte, et te dire : « Non, il, ne colle pas! », pour telle ou telle raison. Un certain temps après, des années après peut-être, tu vas retrouver ce mot et te dire qu'il convient car, entretemps, ce mot, tu l'auras nourri d'un sens plus élargi. Il s'est enrichi de quelque chose. Peut-être que le contexte dans lequel tu le mets est plus apte à le recevoir aussi, ce mot.

Je pense aussi à une certaine unicité de l'individu. Elle me paraît importante. Enfin, il y a un certain nombre de choses qui me paraissent importantes… La curiosité, le regard me paraissent très importants. Étant entendu que le regard et la curiosité peuvent s'exercer sur tout. Tiens, une parenthèse en guise d'illustration : on partait en voyage. J'ai horreur de consulter les guides avant de partir. C'est Claude qui le fait. J'aime mieux partir comme ça. Voilà. Quand on revient : « Tu as vu cela? » « Non, parce que je regardais le petit jardin, le petit potager du gars à côté. Cela m'a intéressé. » Nous étions en Lituanie et j'ai vu un petit jardin et il m'a plu de le regarder, parce que j'y vois des choses. « Tu n'as pas vu? » « Eh bien, non. Toi, tu n'as pas vu le jardin? » Je crois beaucoup à ce type de regard. Quitte à me replonger dans les guides après. Je crois beaucoup à ce regard « vierge », simpliste, gourmand. Au fur et à mesure, à faire converger tout cela et à éliminer, à élaguer les branches mortes.

En vieillissant, tu t'aperçois que des choses viennent se croiser, se mettre en relation alors qu'elles n'avaient pas forcément, à l'origine, des éléments communs, des choses qui appartiennent à des sphères de la connaissance et du sensible. Des sphères différentes. À un moment, elles viennent se connecter pour telle ou telle raison. À partir de là, cela devient créateur d'un troisième élément. Tu prends deux éléments signifiants, tu les croises, et tu en fais croître un troisième. Comme, en l'occurrence, une image, elle est faite d'une somme d'ajouts, mais c'est une somme non pas au sens arithmétique du terme qui fait que (1 + 1) égale deux. C'est que, dans le cadre d'une image, quand tu fais (1 + 1), cela est tout autre chose que deux. Si tu enlèves un morceau, ce n'est pas (2 − 1) égale un, c'est (2 − 1) égale autre chose. Ce sont des adjonctions ou des soustractions qui passent par ce que le cerveau en fait, qui aboutissent toujours à autre chose. C'est un enrichissement par rapport aux éléments initiaux. Je crois beaucoup à ce genre de choses.

En revanche, les phénomènes de condensation et de croisement dans le cerveau, cela m'échappe. On ne comprend pas encore de quelle manière cela se fait. Si bien que je ne peux pas répondre. Tu me demandais, l'autre jour, à propos de Bruckner [« *En quoi y a-t-il du Bruckner dans cette œuvre que tu viens de peindre en l'écoutant?* »]… Je suis incapable de dire si cela a été influencé par Bruckner ou par Mozart. J'ai écouté Chostakovitch ces derniers temps. Est-ce que cela a une influence? Je ne peux pas le dire. Cela dit, je pense que tout cela m'enrichit quand même et que, quelque part, il y a du Chostakovitch qui passe dans mon travail. Mais de là à l'identifier? Non! Ce que je sais, en revanche, c'est ce que je ne peux pas écouter. Ce que je ne peux pas écouter, je le sais. Je l'écarte. J'ai besoin, du point de vue musical, d'écouter des œuvres que j'ai écoutées un nombre incalculable de fois, parce qu'elles sont tellement en moi que je les écoute sans les écouter. Je suis baigné dans cette musique que j'ai faite mienne, qui me soutient, qui m'isole du reste, qui m'a structuré. Elle me fait une sorte d'enveloppe, de bulle, dans laquelle je me sens protégé de l'extérieur. Je ne réponds pas au téléphone. Je ne veux pas avoir de rendez-vous. J'évite d'avoir ce genre de perturbations. J'écarte toutes les préoccupations de façon à être totalement immergé dans cette espèce d'atmosphère qui me protège, qui me convient, que je recherche.

A.-L. S. : Est-ce que cela va jusqu'à un état physique ou corporel particulier?

J. R. : Un état second… mais qui n'a rien de médiumnique, c'est le résultat d'une concentration.

A.-L. S. : Tu es dans un état de réceptivité particulière? Tu vas ressentir physiquement la peinture différemment?

J. R. : Si je reprends le cheminement entre le départ, si tu veux, où j'essaie de me mettre en condition, et le travail qui commence, qui se déroule. Parfois, cela devient très laborieux car, au départ, tu es dans un univers chaotique. Dès l'instant où tu fais une trace, elle détermine une forme, aussi ténue soit-elle. Si c'est une masse, tu auras la forme et la contre-forme. Il ne faut pas oublier que ce que tu mets, cela crée une forme en creux. Tu travailles à la fois sur le plein et sur le vide. Les deux doivent être menés simultanément. Tu travailles à la fois le visible et, non pas le non-visible, mais la zone où il n'y a rien. Petit à petit, je vais tenter de donner un sens à tout cela. Sinon, c'est juste un ensemble formel qui pourrait donner quelque chose de décoratif, de joli au sens le plus péjoratif du terme. Parce que du coup, il y a des couleurs qui s'harmonisent, des formes qui se répondent, mais pour moi, cela n'a pas de sens. Cela ne débouche sur rien, c'est du domaine de l'artifice. C'est, je dirais, l'homme ou la femme qui s'habille avec un certain luxe ostentatoire et qui masque sa personnalité derrière ou qui a une piètre personnalité. On peut être victime de cet artifice. Or, cela me paraît gratuit. Beaucoup de réalisations sont de cet ordre. Des peintres qui ont une belle manière, qui ont un beau métier mais, quand tu vas gratter le métier, il n'y a rien derrière. Cela ne provoque aucune émotion sincère, authentique, profonde. Aucun accès à une autre dimension.

A.-L. S. : N'y a-t-il pas quelque chose d'un peu paradoxal, car, si je comprends ce que tu me dis, c'est comme si la peinture évoluait et repoussait constamment les limites des règles académiques qu'elle se donne, et qu'au final, le beau est en dehors de la règle académique du beau. Au sens du sincère, du créatif/créateur, etc., il est en dehors de ces règles. Il y a une démarche de transgression constante.

J. R. : Tu synthétises parfaitement bien. C'est un tremplin vers l'accès à autre chose. Si je reparle de Chardin… Chardin a peint, tout au long de sa vie, des natures mortes, de très beaux objets, le velouté d'un fruit, la qualité d'une faïence… La réalité est autre. Si on ne voit que cela, cela peut servir d'intérieur de vitrine dans un magasin de meubles ou d'antiquités, mais on s'arrête là.

Et puis, notre culture occidentale depuis la Renaissance a placé le drame pictural (ou le drame théâtral dans le cube scénique) au centre de l'espace dans lequel il se déroule, le rectangle/carré en général. Cela est tellement incrusté dans notre imaginaire qu'il faut lutter farouchement pour résister à l'attractivité centralisatrice (force centripète) qui par ailleurs trouve un écho non négligeable dans l'organisation politique du pays. Je cherche presque constamment à y échapper afin de libérer de nouveaux espaces plastiques et à tenter l'équilibre (sentiment de satisfaction) dans le déséquilibre (sentiment de transgression), la confrontation des deux forces antinomiques déterminant la dynamique de l'œuvre et donc sa capacité de renouvèlement interne.

A.-L. S. : Quand tu me dis que tu as été marqué par cette expérience de l'œuvre de Chardin, est-ce que c'est à la fois la vue de l'œuvre et le commentaire qui t'ont marqué, ou l'œuvre, ou le commentaire seulement? Pour moi, l'œuvre et le récit sur l'œuvre sont importants, mais pour toi?

J. R. : En l'occurrence, il m'avait fait accéder à une forme de mystère de la création. C'est le professeur de français qui m'avait poussé à cela. Penser qu'au travers de cela, il y avait quelque chose d'indélébile qui s'était produit en moi, qui m'avait imprimé. Je prendrai l'exemple d'un autre peintre, Morandi, pour le comparer à Chardin. Chez Chardin, on retrouve souvent dans ses peintures les mêmes objets. Parce qu'ils étaient autour de lui. Il repartait souvent de ce qui l'entourait, comme Cézanne dans son Jas de Bouffan. Morandi a fait la même chose, mais avec des objets beaucoup moins précieux que Chardin. Chardin, c'étaient de beaux objets ou rendus beaux par la patine de l'histoire aussi. Morandi, c'étaient des boîtes de conserve qu'il n'a eu de cesse, tout au long de sa vie de peintre du XXe siècle, de disposer d'une certaine manière, d'agencer, de ré-agencer, de représenter de manière réaliste, mais aussi d'épurer pour arriver à une forme d'abstraction à partir de ces objets. La réalité de Morandi est dans cette approche d'un individu, d'un homme qui, comme nous, s'est réalisé, a construit son univers à partir de ces éléments très humbles, très simples, mais dans lesquels il exprimait son rapport au monde, une manière, pour lui, de comprendre le monde ou, peut-être, de s'en abstraire. On peut imaginer, mais ce n'est pas ma démarche, de refuser le monde tel qu'il est et dans lequel nous sommes, de le refuser en s'évadant dans un autre milieu que l'on crée. Je ne suis pas loin d'imaginer qu'un Claude Monet, dans les vingt ou vingt-cinq dernières années de sa vie, a été comme cela. Quand il n'a fait que peindre ses nymphéas, il était dans une espèce de rêve éveillé, dans ce miroitement de l'eau et, peu à peu, toute la réalité s'est enfouie là-dedans. Je soupçonne un peu cela. Pour ma part, je suis ancré dans la vie, dans le concret. Je suis friand de l'actualité. Cela me manque quand je ne sais pas ce qui s'est passé, de bon et de mauvais, de violent et de tendre, de tout ce que l'on peut imaginer. Ce que je souhaite toujours, ce dont je suis sûr, c'est que cela passe dans mon travail.

A.-L. S. : Pour toi, peindre, c'est donc participer au monde.

J. R. : C'est participer au monde. Avec tout le langage que j'élabore… C'est en me penchant sur ce que j'ai fait, aiguillonné par les rencontres, par les visites d'atelier qui me poussent un peu à analyser tout cela… que je prends conscience qu'il y a des constantes qui apparaissent immanquablement dans mes peintures. La manière de les structurer, de les organiser. Les traits, les lignes. Je ne peins presque jamais au centre de la toile, mais toujours décalé, j'évite cette centralité sacralisée. Tu ne trouves jamais de longues lignes identiques d'un bout à l'autre. J'ai toujours besoin de les interrompre. Même si j'en trace à certains moments, je ne vais pas les supporter. À un moment, il va falloir que je les intègre à la surface, que je les fasse rentrer dans la surface. Si elles sont trop apparentes, elles me dérangent. Il faut que je les fasse rentrer dans la surface en les griffant ou en repassant dessus avec une autre couleur ou en les effaçant à certains endroits. Il faut qu'elles soient grignotées. Il faut qu'elles soient vivantes. Il ne faut pas qu'elles soient là comme si elles prenaient la pose. J'ai mis une belle ligne. Elle reste là. Cela, c'est vrai dans mes dessins plus graphiques. Là, les lignes peuvent être d'un seul tenant.

A.-L. S. : Mais dans tes dessins plus « calligraphiques », elles sont plus arrondies, ce ne sont plus des droites?

J. R. : Elles peuvent être droites. Elles peuvent être arrondies… Mais elles sont la trace du geste à cet instant. Dans la toile, je confère au tableau un geste différent… Le geste pour le dessin graphique [les techniques mixtes sur papier]…

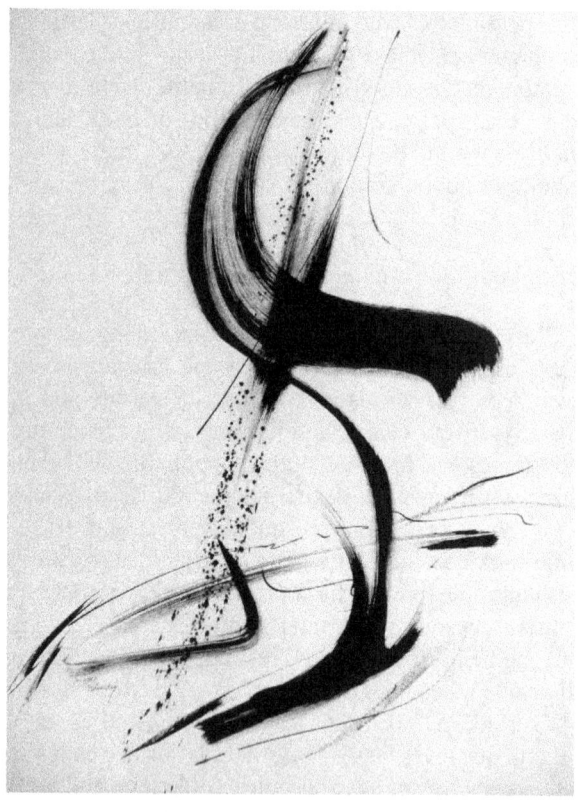

Encre, 10 octobre 2000, 65*50

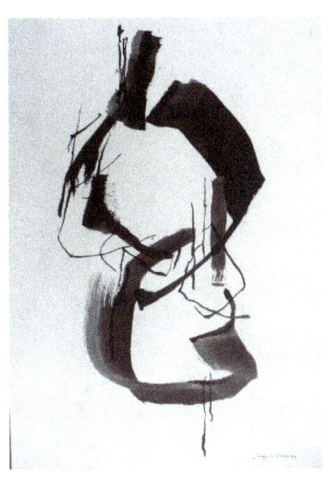

Chemin faisant,
techniques mixtes, 14 décembre 2013, 42*30

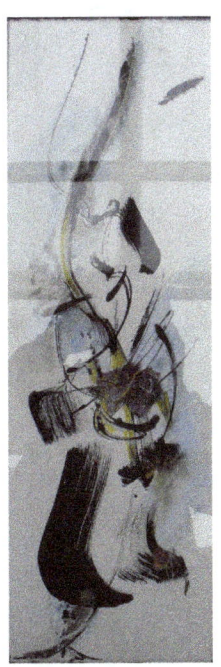

Sans titre, techniques mixtes, 25 avril 2007, 57*19

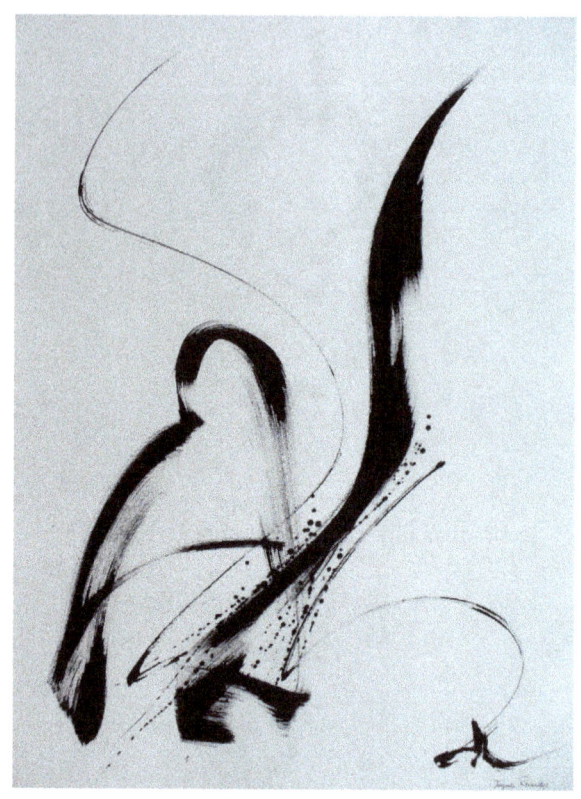

Encre, 31 août 2001, 65*50

A.-L. S. : Pour ce volet que j'appelle – à tort sans doute – « calligraphique » de ton travail?

J. R. : … Pour la recherche graphique – j'utilise le terme de « graphique » au sens de trace, ligne, point… et non pas « calligraphique », qui se réfère à un art de l'écriture et à la reproduction de certains signes codifiés; j'aborde le geste graphique comme un geste sans modèle, toujours à renouveler –, si l'on veut, c'est la traduction musicale comme un solo instrumental qui s'inscrit dans une durée plus ou moins courte, plus ou moins longue, en général très brève. C'est un instant. C'est un mouvement de danse qui nous échappe. Il est vu et il disparaît. S'il est immobilisé, ce n'est plus de la danse. Donc, je souhaite que cette ligne soit vivante, qu'elle bouge, qu'elle traduise une espèce de dynamique qui se reconstitue elle-même toujours dans la durée du geste. Dans le tableau, je vois plus une polyphonie où il va y avoir un enchevêtrement de formes, de masses, de lignes, de couleurs qui sont des couleurs musicales, des couleurs instrumentales, qui sont des voix.

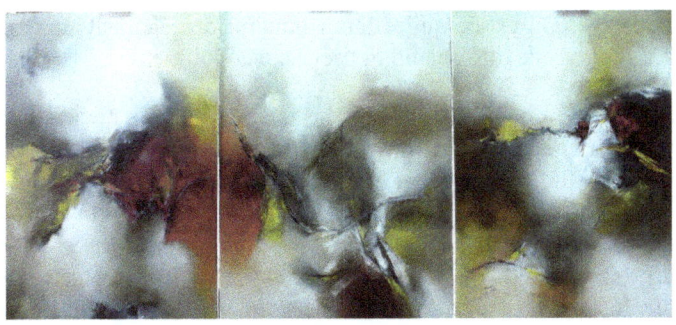

Archéologie de la mémoire,
triptyque, huile sur toile, 20 juillet 2012, 130*291.

A.-L. S. : Si elles étaient continues, elles seraient trop simples pour signifier le monde auquel tu participes?

J. R. : C'est ce que je pense. Je souhaite qu'il y ait à l'intérieur de mon travail – mais je le fais instinctivement, ce n'est pas un « il faut que » – tous les ingrédients du renouvèlement. Que la toile puisse te saisir de loin, qu'elle te focalise, qu'elle t'entraîne, mais dès que tu te rapproches, qu'il y ait tout un fourmillement de passages, de cicatrices, de moments qui ont été, qui ont vécu et qui ont été submergés par autre chose qui est intervenu, mais qui laisse une trace de la résistance. Parce qu'on sait, parce que je sais, que le tableau final n'est que la résultante d'une infinité d'autres tableaux qui auraient pu être. Le dosage de la couleur, le tracé peut venir à un certain moment, puis je le fais disparaître, parce qu'il y en a un autre qui va intervenir. À un certain moment, il s'agit d'arriver à une sorte de satisfaction. J'arrive à une satisfaction qui fait que j'ai le sentiment d'avoir fait honnêtement mon travail. Comme le disait Cézanne au ministre des Beaux-Arts, à vingt-cinq ans : « Je demande à être exposé au Grand Salon comme tout travailleur sérieux. » Cézanne disait cela. À un certain moment, je sens que j'approche d'un aboutissement. J'ai l'impression d'atteindre un point qui est à la fois ma limite et mon Moi à cet instant. Si j'intègre des éléments qui ne sont pas de moi, je ne serai pas satisfait. L'artifice ne me convient pas.

A.-L. S. : Qu'est-ce qui te ferait intégrer des éléments qui ne seraient pas de toi? Quand tu triches avec toi-même?

J. R. : Il y a des choses que je ne fais pas. Que je ne sais pas faire ou que je ne veux pas faire : intégrer des éléments extérieurs, si tu veux, qui ne sont pas de moi, que je n'ai pas fabriqués moi-même, que je n'ai pas élaborés moi-même. Anecdote : récemment, on avait des amis qui étaient là. Il est chef d'orchestre. Un ami depuis l'âge de vingt ans. Avec lui, on a une fusion au travers de la musique, et lui au travers de ma peinture aussi. Je lui montrais une toile récente dans laquelle il y avait encore des parties brillantes et des parties mates, parce que le séchage se fait de manière différentielle. Il m'a dit : « Pourquoi ne laisses-tu pas des parties brillantes et des parties mates? » J'ai répondu : « Il y en a qui le font. Je n'y parviens pas. Si cela reste, c'est que je n'ai pas réussi à m'en sortir autrement, parce que cela arrive parfois, parce qu'il y a une erreur technique, c'est fréquent avec l'huile. Mais ce n'est pas un langage qui me correspond. » Je lui ai dit : « C'est comme toi, dans ta direction d'orchestre, si je te dis : "Pourquoi tu ne fais pas ceci comme cela?" eh bien, tu vas me dire : "Parce que je ne le sens pas comme cela. Parce que la musique que je fais interpréter, je la vois d'une autre façon que toi, tu la vois." Donc, je fais ma création ainsi. Toi, tu la fais et tu la ressens avec sincérité, ce qui ne veut pas dire que dans X temps, X années, avec un vécu, avec l'âge, tu ne vas pas la faire d'une autre manière. » Sa direction d'orchestre n'est pas la même maintenant que celle d'il y a vingt ans. Comme moi aussi, il y a des choses qui évoluent immanquablement. Comme la musique que j'écoute n'est plus tout à fait la même que celle que j'écoutais. Je me structurais avec Bach et, peu à peu, même si je l'écoute toujours – ce n'est pas aussi tranché que cela – je suis plus, à certains moments, avec Mozart ou avec des Romantiques, avec Brahms, avec des quatuors à cordes de Beethoven, par exemple. En revanche, travailler avec les quatuors à cordes de Chostakovitch, pour moi, c'est plus difficile... mais c'est en train de venir! Je crains la musique qui me déstructure.

A.-L. S. : On en revient à l'unicité dont tu me parlais tout à l'heure...

J. R. : Une parenthèse qui est importante quand même : je me projette toujours vers demain. Évidemment, j'évoque le passé, parce que cela entre dans le propos, mais je ne suis pas spectateur de moi-même. S'il y a des tableaux accrochés en bas, c'est parce que Claude les met. Ici, dans l'atelier, il n'y a jamais rien de visible, sauf ce qui est en cours de travail. Je me projette toujours dans le lendemain, ce qui, entre parenthèses, fait vieillir très vite. Je n'ai pas de regrets. C'est comme cela. La vie s'est infléchie, s'est développée de telle ou de telle manière. Si! Peut-être aurais-je aimé avoir une connaissance de la musique plus approfondie que celle que j'ai, d'un point de vue technique. Mais par ailleurs je n'ai pas de regrets... sauf un qui me revient de manière assez lancinante. J'aimerais partager avec Antonio ce que je fais maintenant. C'est un regret que j'aurai toujours. Antonio est décédé en 1983. Cela fait déjà longtemps. [...] J'aurais aimé avoir son approche.

Cela dit, si je reviens au but de cet entretien, j'ai toujours en tête que tu fais un travail de recherche et que tu cherches à identifier des outils. Des outils trop particuliers risqueraient d'enfermer dans quelque chose de beaucoup trop étroit, dans l'anecdotique. Il faut par contre que ces outils deviennent non pas universels – je n'ai pas cette prétention – mais restituent plutôt ce type de créations, que je considère classiques, même si elles n'ont plus cours dans l'art contemporain ou du moins dans ce qu'on voit dans les FRAC[4]... La démarche est très différente.

---

[4]Fonds régionaux d'art contemporain, collections publiques régionalisées d'art contemporain créées dans les années 1980.

Je suis dans une approche qui se veut au-delà de l'anecdote et du factuel. Je traduis mon rapport au monde. J'espère toujours, et je vérifie quand même, heureusement, et très souvent, que c'est partagé par d'autres. C'est là que je voulais en venir. J'ai vécu cela pendant longtemps comme une différence. Je faisais état, tout à l'heure, d'une réserve naturelle par rapport à l'environnement. Je ne tiens pas, par exemple, à l'image de l'artiste. Quand il y a un carton à dessins à apporter, c'est Claude qui l'apporte! Ce n'est pas moi. Je n'aime pas me balader avec un carton à dessins. Je ne me suis jamais baladé avec la grande écharpe du style « beaux-arts », auxquels je n'ai pas appartenu. Je n'aime pas cette singularité. D'abord, le terme d'« artiste ». Je l'admets parce que je n'ai pas le choix, dans une galerie, on présente « l'artiste »… Je l'admets au sens de pratique d'un art. Après, toute la connotation romantique qu'il y a autour, cela m'horripile. Je suis toujours fasciné par une phrase d'Albert Camus qui dit, je cite de mémoire, que lorsque l'artiste tend à se singulariser et à vouloir cultiver sa différence, il ne deviendra véritablement un artiste, selon son point de vue, que lorsqu'il aura compris qu'il est semblable à tous les autres. C'est là qu'il prendra sa dimension d'artiste. J'ai coutume de dire souvent que ce que je fais vaut le jardin du petit père à côté qui fait son potager. Je suis admiratif, parce qu'il a des savoir-faire. Il a un rapport à la nature. Il a un rapport au toucher, aux matières qui est du même ordre que [le mien], sauf qu'on n'aboutit pas au même genre de résultat. J'ai tendance à me ramener au statut de l'artiste tel qu'il était jusqu'à la Renaissance, c'est-à-dire un artisan. Un artisan qui avait à la fois une pratique manuelle et, en même temps, une pensée derrière sa pratique.

A.-L. S. : L'artisan a une forme de pratique finalisée. Il sait ce qu'il construit. Tu es dans un projet en permanence en construction et une recherche continue qui n'est pas forcément…

J. R. : C'est juste. Sauf que le sculpteur et le peintre, jusqu'à la Renaissance, lorsque cela a basculé, étaient considérés comme des artisans, parce qu'il y avait une commande. Ils devaient mettre en œuvre un certain nombre de codes qui étaient des codes de reconnaissance, qui leur permettaient d'être identifiés. J'ai vécu pendant longtemps cette sorte de différence, qui me dérangeait. Je ne cherchais pas à la chasser. Je n'aimais pas jouer les provocateurs en présentant ce que je faisais. J'avais des amis et des relations qui n'appréciaient pas du tout ce que je faisais. Cela me dérangeait toujours quand ils venaient. Il m'arrivait d'enlever les tableaux en bas, car je ne supportais pas leur regard. Jusqu'au jour où j'ai compris une chose. Je me suis donné une légitimation en me disant qu'après tout, ce que je fais, je vais au tréfonds de moi-même pour le faire. Ce que je fais, c'est moi. On m'accepte ou on me refuse. En tant qu'individu, on peut m'accepter ou me refuser. À partir de là, je crois que cela m'a donné une forme de libération. Cela m'a désaliéné. Si bien que cela m'a permis de mieux accepter ce que je faisais et peut-être de mieux accepter de le montrer. Il y avait tout un mélange bizarre. Peut-être aussi qu'à une époque, j'ai été en des endroits où je n'aurais pas dû aller. Des expositions de groupe où tu as un mélange de tout et de n'importe quoi, qui font que mon travail passait pour... Je ne présentais jamais mes paysages de Loire ou quoi que ce soit. Ce n'est pas cela que je montrais. C'était ma peinture d'il y a vingt-cinq ou trente ans, et on te regarde comme une sorte de pithécanthrope, en se demandant : « D'où il sort, celui-là? » Tu vois? Par rapport à l'autre qui a peint un bouquet de fleurs... c'est un bouquet de fleurs, on l'a reconnu, quoi! Le regard a bien évolué depuis.

A.-L. S. : Tu étais avant-gardiste?

J. R. : Ce n'est pas que j'étais en avant-garde par rapport à l'évolution artistique générale, parce qu'il y en avait d'autres qui avaient un travail comme cela. Je n'avais pas accès à ces milieux. J'étais dans des expositions locales, parce que je n'ai jamais su chercher. Maintenant, cela va incommensurablement mieux. Il n'y a aucun doute, parce que les gens regardent. J'entends souvent dire que ce qu'il y a d'intéressant dans mon travail, c'est que ce n'est pas du figuratif, mais que l'on est à la limite du figuratif. Les gens reconnaissent des choses qui ne sont pas identifiables, mais dont ils ont le sentiment qu'elles sont proches d'une espèce de transmutation du réel par mon regard et ma pensée. À partir de là, cela m'a donné une forme d'acceptation qui fait que je suis beaucoup plus serein. Par exemple, la dernière exposition que j'ai eue à Nantes a été très satisfaisante, parce que je n'ai pas vu une seule fois une personne entrer, jeter un coup d'œil et ressortir aussi vite qu'elle était entrée. Les gens restaient deux ou trois heures. Ils restaient de très longs moments et ils posaient des questions. Ils s'intéressaient. Bref, il y a eu cette histoire de différence, au départ, qui m'a perturbé un peu. Cela fait maintenant longtemps que s'est établi ce rapport plus apaisé à ma peinture. Mais c'était peut-être dans ma tête.

J'évoquais la phase de démarrage plus tôt dans notre entretien et il y a ensuite le temps de l'exécution. Si j'essaie d'identifier les phases en les schématisant, elles se déroulent en trois temps. Il y a cette phase initiale où tu jettes un certain nombre d'éléments et il y a une sorte de liberté. De la fausse liberté peut-être, mais c'est une manière de s'approprier le support. Je vois ensuite ce qui se passe. Parce qu'il s'agit, à partir du chaos intérieur qui a été projeté par quelques signes, de reprendre tout cela. Certains s'arrêtent à ce stade. On jette quelques traits ou taches sur la toile et on montre. Je ne peux pas. Je suis incapable de faire cela, victime de mon éducation peut-être, car j'ai été un bon élève, parce que j'ai appris, que j'ai été professeur, que je suis fait comme cela. Il faut qu'un travail bien fait apparaisse. Bien fait, ce n'est pas ce qui a été jeté comme cela. Cela équivaudrait à une sorte de n'importe quoi. En cela, je suis très limité. Il y a des fois où j'exècre ce formalisme qui m'a été transmis par l'éducation, par la culture... Tu comprends?

A.-L. S. : Quel est ce « travail bien fait » qui vient par-dessus cette première couche improvisée?

J. R. : C'est la deuxième phase de travail où je vais... Comment te dire? Je parlais de polyphonie. Je te parlais de cet ami, ce chef d'orchestre. Devant une phrase musicale, il va lancer l'orchestre. Il donne le tempo et l'orchestre joue. Il mesure ainsi la sonorité brute de l'orchestre, qu'il va ensuite façonner, pupitre par pupitre, comme on travaille une couleur, un matériau. Il donne ses directives selon la philosophie qu'il a de la partition. Il détermine la couleur sonore de l'orchestre, imposant son style. Moi, je prends mes différentes données plastiques comme les données musicales et je vais les affiner, les ajuster. Il faut que la matière devienne, de mon point de vue, délectable et expressive. Qu'elle provoque une sorte de jouissance sensorielle. J'aime une bonne couleur qui est montée à son niveau, qui a atteint sa sonorité propre tout en essayant de l'orchestrer avec le reste. Il ne s'agit pas qu'elle soit dominante au point de masquer les autres données plastiques. C'est tout un travail, qui ressemble un peu à un travail d'exécution. Un travail technique et sensible. Ensuite, lorsque tout est ajusté, il faut donner la représentation, le concert. Le concert, c'est l'aboutissement final. Sauf que le fait de travailler ces différents paramètres fait que l'élan initial a pu être perturbé, affadi en général, parce que ce n'est pas géométrique, parce que les différentes parties s'interpénètrent. Les pleins et les vides jouent un rôle très important, il va falloir les retrouver. Et le problème, pour aller vers l'aboutissement, c'est de retrouver l'élan initial, de faire croire que tout ce qu'il y a et va y avoir sur la toile, avec tout le travail fait derrière, a été fait spontanément. C'est une gageure. C'est un risque considérable. Il s'agit de retrouver une forme d'équilibre dans le déséquilibre pour que le tableau soit capable de renouvèlement par lui-même, par sa dynamique interne. Si c'est trop formalisé, il peut y avoir une délectation pour les adeptes de la géométrie. Je pense à Mondrian, à Malevitch, aux Suprématistes… Il y en a qui peuvent se délecter de cela. Je ne suis pas contre. Mais, moi, je souhaite qu'il y ait un dispositif plastique qui ne peut être décrit par des mots, sauf ceux que chacun voudra bien mettre dessus pour exprimer ce qu'il ressent. Cela peut être joyeux pour l'un et triste pour l'autre. Je caricature. Ce n'est pas mon problème. Tout un foisonnement d'éléments qui vont provoquer, je l'espère, une jubilation et qui vont être organisés dans la désorganisation pour qu'en permanence on puisse y découvrir de nouvelles pistes de lecture. Quand quelqu'un me dit qu'il a acquis ma toile il y a X années et qu'à chaque matin il la voit autrement, voilà, c'est gagné!

Tenter de transmettre, par l'énergie du geste, la rigueur de l'organisation des données plastiques, la dimension poétique des espaces suggérés – dialectique du formel et de l'informel – une perception lucide et humaniste du monde dont nous sommes les infimes rouages.

> *La combinatoire des données plastiques, si elle ne constitue pas un récit, a donc pour ambition de mettre en place un système énergétique dans lequel masses, graphismes, couleurs s'affrontent, se complètent, se valorisent, se détruisent, selon des exigences qu'il faut redécouvrir pour chaque œuvre... pourtant à la fois semblable à la précédente et jamais la même!*
>
> *(J. Reverdy,* Notes d'atelier*)*

A.-L. S. : D'ailleurs, tu parles de systèmes énergétiques dans tes écrits.

J. R. : C'est une énergie qu'il y a derrière tout cela qui se traduit, qui s'autoproduit, qui fait qu'elle se renouvèle elle-même à l'intérieur de ce discours, de ce langage. Si je fais la comparaison avec l'écriture, il s'agit des mêmes préoccupations. Quand tu écris un article ou un texte littéraire ou tout autre, tu jettes dans un premier temps des idées, des mots, des bouts de phrase. C'est plus ou moins informe, chaque mot étant plus ou moins porteur de sens. Chaque assemblage de mots créant un nouveau sens. Quand j'associe une couleur, une ligne, chacune a son individualité et, en même temps, trouve une résonance par rapport à l'autre. C'est de cela qu'il s'agit, de le ressaisir pour le remettre en forme, pour le réordonner. Je suis parti par là... et il va falloir que je l'élimine parce que cela est trop présent et la toile a tendance à vivre sa propre vie. Pendant très longtemps – je fais état de mes limites – je voulais tout maîtriser.

A.-L. S. : À cause du caractère irréversible qu'il y a peut-être moins dans l'écriture?

J. R. : À cause de mon côté bon élève. Que rien ne m'échappe. À cause du côté professeur. Tu fais un cours et tu veux que le cours soit bien cadré. Que les élèves aillent bien là où tu veux les conduire. Or j'ai appris, par expérience, que ce n'est pas tout à fait comme cela. Il faut accepter que le groupe, que la couleur, puisse vibrer par ses propres moyens. Accepter des choses comme celles-là. Accepter le rôle de la coulure. La coulure a été à la mode pendant un temps. Elle l'est encore, je crois.

C'étaient des coulures sales et non maîtrisées. Pour moi, c'est synonyme de – comment dirais-je? Ce n'est pas un élément structurant. C'était un élément de mode et, à la limite, de provocation. C'est une manière de dire : « Voilà, je suis artiste. Je peins. Je me suis formé tout seul. Je ne suis pas académique. Je laisse des coulures, tu vois, ce sont des expressions libres. » Cela, je ne peux pas. Cela m'est totalement impossible. En revanche, il m'arrive maintenant d'accepter ou de susciter certaines coulures. Mais elles deviennent alors un élément signifiant. Ce sont des coulures que je maîtrise. Si je ne les aime pas, je les corrige, je les enlève. Je ne laisse que ce que je veux laisser. En quelque sorte, je joue avec un certain hasard, tout en ayant la volonté de ne pas me laisser déborder par ce hasard, de me trouver en accord avec cela. Ce hasard, on ne pourra pas me le reprocher comme une négligence, mais comme une volonté. C'est donner une image de soi. En l'occurrence, c'est important pour moi. Quand je dis que mon travail, c'est moi, je donne une image de moi. Si ce n'est pas une image de moi tant que je ne l'ai pas obtenue, cette image de moi – sans narcissisme aucun : quand la toile est finie, elle est retournée, je ne la regarde pas –, je poursuis le travail…

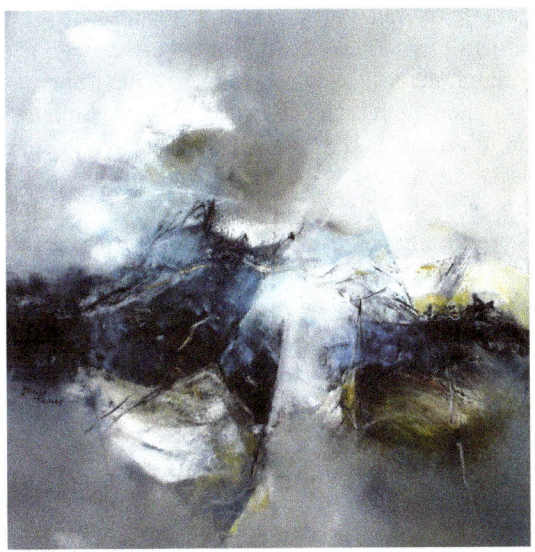

Indécise clarté, H15, huile sur toile, janvier 2012, 80*80.

Donc, c'est la seconde phase. J'essaie de donner un sens à tout cela. En retravaillant tous les compartiments de l'œuvre, étant entendu que si je modifie en bas à droite, je sais qu'il va falloir que je modifie partout. Quand on écrit un poème ou un texte, si tu changes un mot ici, il faut que tu changes un mot plus loin. Il faut toujours être en train de raccorder tout cela ou de l'accorder. Et arrive le sentiment, comme dans la course à pied le dernier kilomètre, où tu sens que tu approches de la fin. Il m'arrive – je prenais cela pour une faiblesse – quand je suis à quelques encablures de la côte, de l'aboutissement, d'avoir une espèce d'effondrement psychologique et physique. Le sentiment que j'arrive vers la fin. Je ne peux plus. Je sens la fatigue ou bien c'est un moment de jubilation intense, parce l'énergie ne s'est pas dispersée, ne s'est pas épuisée, et en même temps j'ai l'impression que pendant un moment, la main travaille avec une intensité telle que j'ai le sentiment que la toile vibre de partout. La main court toute seule. Ce sont des moments assez extraordinaires où tu as l'impression que les choses se font en-dehors de toi. C'est une espèce de convergence de quelque chose. Ce sont des sentiments extraordinaires. À l'inverse, il y a d'autres moments où je sens la fin et je suis épuisé. Je sens que je devrais faire telle ou telle chose. Je le pressens. Brusquement, il y a quelque chose qui s'effondre et je ne peux plus. À ce moment, il reste des éléments que j'ai envie de remettre : une touche ici, une couleur là. Reprendre telle ou telle chose. Je m'arrête, car j'ai la peur d'être arrivé… comme une mort. Tu sais, comme si tu arrivais au bord du cratère. Une fois, on a fait l'ascension du volcan à la Réunion. Il y a un moment où tu montes. Il fait un vent extraordinaire. Tu arrives au niveau de la lèvre du cratère. Tu sais que si tu continues, tu bascules de l'autre côté. J'ai ce sentiment lorsque la toile approche de son terme. Je la tiens, mais si je fais quelque chose de plus, je vais la rater. Je vais la faire basculer. S'installe une sorte d'impuissance motivée par la peur. J'ai une fatigue intense qui me saisit et qui me fait, consciemment ou inconsciemment, me dire : « Attention, je suis tellement épuisé que je vais faire une sottise. Je vais avoir le mauvais geste qui va me faire tout rater. » Cela arrive assez souvent. C'est une frousse qui me saisit, comme peut nous saisir cette crainte quand on parle, quand on fait un cours. Peut-être par épuisement parfois. Cela peut arriver, quand tu es fatigué, tu as les paroles qui sortent. Tu te dis : « Attention, j'en dis trop, mais je ne sais pas comment synthétiser. » Synthétiser, dire le dernier mot, conclure, cela demande un certain effort. Comme pour le comédien en scène qui risque d'en faire trop, de sur-jouer. Je crois qu'on est tous victimes de cela.

A.-L. S. : Du coup, quand tu sens cet épuisement trop précoce par rapport à l'œuvre, que tu sens que ce n'est pas aujourd'hui ou que ce n'est pas maintenant qu'il faut l'achever, tu lèves le pinceau et tu peux reprendre? Tu es capable de te remettre dans cette énergie?

J. R. : Très, très difficile.

A.-L. S. : Est-ce un renoncement? Dire : « Je suis obligé d'arrêter. Et la toile ne sera pas ce que je pensais qu'elle serait », car j'imagine que, le lendemain, cela devient autre chose.

J. R. : Dans la majorité des cas, non. Comme je travaille généralement le matin et une partie de l'après-midi, le soir, avant de tout arrêter, je passe un moment avec ce que j'ai fait. Là, j'essaie de me remettre en situation. Il m'arrive, quand c'est une petite intervention, de le faire à ce moment. Souvent, la crainte vient non pas lorsqu'il y a des masses colorées assez importantes. Si tu interviens là, l'erreur ne sera peut-être pas trop grave, parce que c'est pris dans un ensemble. Mais quand tu as un vide là, tu te dis : « Il faudrait qu'il y ait un trait. Il faut qu'il y ait une tache de couleur. » Tu as un grand vide. Tu es complètement à découvert, comme le clarinettiste ou le hautboïste. Dans l'écriture musicale, il y a des vides à certains endroits pour laisser la place aux trois ou quatre mesures de hautbois. L'interprète est complètement à découvert, le risque est grand. Si c'est pris dans la masse orchestrale, cela va peut-être passer inaperçu. Quand il est complètement à découvert, c'est le risque maximal. Quand c'est une zone complètement découverte de la toile, j'ai envie d'une tache rouge, d'un trait ou un petit graphisme dont j'ai besoin qu'il soit là, parce qu'il me paraît indispensable... mais pour reprendre cela, c'est très compliqué. Très compliqué. Il m'arrive de tourner autour pendant des jours. Je mets la toile de côté et cela peut durer longtemps, parce que j'ai peur.

A.-L. S. : Est-ce que tu as peur ou est-ce que tu n'es pas capable de ré-entrer en communication avec la toile?

J. R. : Ce sont les deux. Un mélange curieux. Cela peut sembler étrange, sinon excessif, de parler de peur dans ce cas-là. C'est un autre aspect de la peinture : elle ne sert à rien. Personne ne m'a rien demandé. Je veux dire que celui qui est pris dans son activité professionnelle, à qui on a commandé une synthèse en une demi-page d'un rapport qui est épais comme cela, ce n'est pas rare. Il peut avoir peur, parce que si sa synthèse n'est pas bonne, c'est lourd de conséquences. Très lourd, parfois. Moi, personne ne m'a rien demandé. Ma toile, si je passe à côté, je peux la détruire. J'ai quand même peur, parce que cela serait, de ma part, une lâcheté, un renoncement. Cela me fait remonter au défi initial.

A.-L. S. : Dont on parlait au départ... Cela veut dire, si je t'écoute – car il y a un mot qui revient tout le temps, tu ne le prononces pas, mais il est implicite – que ta peinture est un acte de liberté. C'est comme cela que je le comprends. Une exigence de liberté. C'est un travail et, du coup, est-ce qu'on peut associer ce geste spontané à une espèce de situation qui fait problème? Partons de ce geste spontané; l'idée qui me vient, c'est de dire : « Tiens, quand j'appose cette spontanéité, c'est le problème tel qu'il se pose aujourd'hui. » Le travail de la toile, c'est de résoudre cette énigme, c'est de continuer à poser ce problème qui devient une situation en tableau. Comment véritablement engager le dialogue? Comment créer cet « entre » moi et le regardant?

J. R. : C'est un peu cela. Je pose un problème qui est le mien à ce moment, qui a été induit par l'environnement, par l'instant présent, par toutes sortes de choses. Je n'en sais rien. Je ne peux même pas le formaliser. À partir de là, je donnerais une image complètement brute que je juge – je ne sais pas si j'ai raison –

indéchiffrable. Or je suis submergé nécessairement par un certain esthétisme. C'est un terme que je n'ai pas utilisé jusqu'à présent. Un certain esthétisme qui est, à mon sens, très culturel. Qui est lié à la culture classique que nous avons reçue. Qui fait que l'esprit français, ce n'est pas peu dire, cela existe. C'est ce que bien des étrangers viennent chercher. L'esprit français. Le classicisme français. Quand on va à Versailles, il y a l'architecture, l'écriture. Une pensée qui est organisée. Je parlais de raisonnement hypothético-déductif. Nous sommes des enfants de Descartes. Il y a cet esprit-là qui fait que le rapport avec les autres cultures entraîne des frictions. Des incompréhensions. Je suis inscrit par l'histoire dans cette trajectoire... Mais donner une image de moi ou véhiculer une image de moi qui serait ainsi brute : « Voilà! C'est à prendre ou à laisser! », cela ne correspond pas à ma culture. Cela ne me correspond pas si je ne suis pas allé au bout de moi-même. Je vais travailler, monter mes couleurs, et quand je sais que mes couleurs deviennent délectables...

> *Ce qui nous parvient indirectement de l'espace physique et culturel lointain, ainsi que de l'ordre social et politique, doit être décrypté, interprété, supporté, assimilé. Il faut choisir, hiérarchiser, agir... tenter de se positionner par rapport à une trajectoire cohérente, que l'on croit personnelle mais qui s'avère souvent impulsée par une pensée dominante.*
>
> (J. Reverdy, Notes d'Atelier)

A.-L. S. : Quand tu dis « délectable », c'est que tu as une sensation propre de la couleur...

J. R. : Une sensation qui m'est propre, qui fait que quand j'ai conduit ma couleur à un certain niveau, elle me satisfait. Je ne peux le vérifier après que si elle rencontre une audience. Si tu veux, j'aurai la réponse au travers du contact avec les autres. Délectable? Je me suis peut-être mal exprimé. En fait, j'arrête mes couleurs à un certain niveau. Je n'ai pas de théorie de la couleur. Les couleurs, on peut les travailler, pas forcément à l'infini. Parfois, il vaut mieux gratter, nettoyer sur la toile (le peintre a toujours un chiffon à la main ou à proximité) et les reprendre. Si la couleur est parvenue à la nuance qui est la mienne – c'est pour cela qu'on retrouve souvent les mêmes couleurs et que je n'ai pas besoin de me poser de question pour restaurer une partie du tableau – je le sais, je n'ai pas besoin de regarder ni de m'interroger. C'est la pratique, le métier. C'est comme la voix, quand tu chantes. Tu as une certaine voix. Le jour où tu maîtrises tes moyens vocaux, ce qui n'est pas toujours le cas, tu sais que le son qui sort est ajusté. Il correspond à ce que tu veux dire. Après, il va y avoir la relation à l'autre. C'est là que l'autre apporte des réponses.

> *Dans le cas de l'art, l'œuvre ne prend son sens que de manière intuitive, par son insertion dans le réel d'un autre individu ou d'un groupe d'individus plus ou moins important. À cet égard, et ce n'est pas le moindre des paradoxes de la recherche artistique, la plupart du temps, l'artiste ne saura ce qu'il a fait qu'après l'avoir fait, parfois longtemps après l'achèvement de l'œuvre, c'est-à-dire lorsque, sorti de la phase d'élaboration, il pourra devenir le spectateur de ce qu'il a produit.*
>
> (J. Reverdy, Notes d'atelier)

A.-L. S. : Ces réactions corporelles, physiques, des gens à tes œuvres, et pas nécessairement ce qu'ils disent car cela ne correspond pas forcément à ce qu'ils ressentent, est-ce que tu les emmagasines? Des réactions purement physiques à ton œuvre, est-ce que tu les enregistres toi-même dans ton propre corps et ta gestuelle? Est-ce qu'elles se traduisent dans l'œuvre suivante? Est-ce que tu vas les intégrer dans ta création? Quand tu dis que tu veux rencontrer un public (tu dis plutôt « l'autre », ou « le regardant »), comment est-ce que cela se travaille, cette rencontre?

J. R. : Je n'utilise jamais le terme de « public ». Le public, c'est au sens très large du terme. Le terme « regardant », c'est un terme utilisé dans le langage de critique d'art. C'est celui qui établit une relation par le regard. Un regard chargé de toute une culture. Ce n'est pas un regard vide. C'est un regard qui est connoté, qui est chargé de culture. C'est un regard qui a le désir d'entrer en relation avec ce que tu donnes à voir comme l'écoutant serait celui qui veut entrer en relation avec l'autre. Ce n'est pas de la musique de fond. Ce n'est pas une peinture décorative sur un mur. C'est le désir, dans ce regard, d'accéder à ce sens caché que tu évoquais tout à l'heure. Essayer d'aller chercher au-delà, d'aller voir derrière le miroir. On rentre dans le mythe d'Orphée. Le film de Jean Cocteau où il y a en permanence ce miroir et [où] il veut aller au-delà de ce miroir qui est le miroir des yeux. Quand on regarde les yeux, on cherche toujours à savoir ce qu'il y a derrière. En fait, c'est ce qui est intéressant : ils peuvent être expressifs de par leur intensité, par leur coloration, par l'éclat, par l'ouverture. Le regardant, c'est celui qui va poser les yeux... Là aussi, je vais me référer à James Guitet : Guitet disait que le regardant – c'est avec lui que j'ai appris ce mot – s'adresse au tableau en lui demandant de lui raconter une histoire : « Qu'est-ce que tu me racontes comme histoire? Un personnage, un oiseau, des fleurs, une nature morte... Qu'est-ce que tu me racontes? » Corot me raconte un village avec le clocher? [James Guitet] dit : « Non! La peinture n'a rien à raconter par elle-même. Elle ne peut que raconter ce qui est en l'individu. » Il faut éduquer pour inverser la relation. Ce n'est pas à la peinture de raconter une histoire; c'est à celui qui comparaît devant la peinture. Comparaître! Le regardant « comparaît » devant une œuvre. À ce moment, il doit se dire : « Qu'est-ce que je suis, moi, par rapport à cette œuvre? » « Qu'est-ce que je suis, moi, quand je comparais devant une œuvre? » À ce moment, l'œuvre ne va pas te raconter une histoire. C'est toi qui vas lui communiquer un sens, qui vas l'enrichir et qui vas la détacher de son créateur. L'histoire que tu vas te raconter, toi, par rapport à cela va faire que l'histoire de l'auteur, à la limite, t'importe peu. D'autant que pour la plupart des œuvres que l'on voit du passé, on ne connaît pas ou peu l'auteur. Il y en a certains dont on ne connaît même pas la vie. La vie de Vermeer, par exemple, reste très obscure.

Paul Klee a admirablement exprimé cela : « L'art n'est pas le visible, il rend visible. »

Le voyage par l'œuvre que je propose, ce monde inconnu, entre guillemets, que j'ai voulu installer parce que j'ai eu envie de le construire, de le créer, de le faire apparaître et de me surprendre, m'a obligé à mettre en œuvre tout un ensemble de codes, de pratiques, de pensées, de savoir-faire pour aboutir. Exactement comme des mondes que je vais parcourir au cours de voyages. On passe en permanence, quand on voyage en des lieux que d'autres ont construit avec leur culture, que d'autres ont déterminé par leur propre culture. Nous, quand on arrive là, à moins d'être une encyclopédie vivante ou d'aller en des lieux qui ont une résonance préétablie, lorsque l'on arrive dans ces lieux inconnus, surgissent les questions : « Qu'est-ce que tu me racontes, paysage? » « Qu'est-ce que tu me racontes, ville? » « Qu'est-ce que vous me racontez, hommes et femmes que je vois vivre? » « Qu'est-ce que vous me racontez? » Ces questions sont vaines, comme celles du regardant devant le tableau. On est bien obligé alors, à moins de faire une enquête ethnographique, historique, sociologique (ou de subir un tiède discours de guide touristique) de mettre en œuvre nos propres codes d'appréhension qui vont nous mettre en relation avec cela et de tenter, autant que faire se peut, de s'incorporer psychologiquement, physiquement dans cet espace géographique et ethnographique qui n'est pas le nôtre et devant lequel on se trouve mis en présence et avec lequel, pendant une période donnée, nous devons vivre. Rien ne me fascine tant que de revenir dans un endroit où je suis allé une première fois. Il y a, entretemps, des codes qui se sont élaborés, des outils de mise en relation sont apparus, et la deuxième fois que j'y vais, je vais me promener en me disant : je suis à Prague ou ailleurs, je n'ai pas un regard de touriste. Je me comporte presque comme les habitants qui m'entourent. À la limite, je cherche à me dégager de l'image du touriste voyeur.

A.-L. S. : De la même manière que le regardant n'est pas un voyeur…

J. R. : Ce n'est pas un voyeur.

A.-L. S. : C'est dans cet « entre » que vit le tableau, entre le regardant et toi.

J. R. : C'est cet « entre-deux ». L'entre-deux est dans la toile elle-même… C'est à l'intérieur de la toile elle-même… Ce n'est pas entre deux toiles, c'est à l'intérieur de la toile elle-même. J'introduis naturellement des espaces de liberté qui font que le regard va quitter tous les éléments structurants d'architecture qui établissent des trajets visuels. S'il n'y a pas de corps à l'ensemble, cela ne va pas. Il faut qu'il y ait une architecture derrière, un squelette. Un équilibre vertébral derrière. Une fois que le regard, guidé par ces pistes que j'ai introduites ou que j'ai eu du mal à introduire, va arriver dans des zones d'expansion… dans des zones où il n'y a pratiquement plus rien, qu'une sorte de vide qui pourrait être considéré comme le fond du tableau, mais qui n'est pas un fond… C'est un élément de l'espace reposant par rapport aux zones où il y a un rythme plus affirmé. On arrive dans un espace au rythme lent où l'esprit va pouvoir trouver son expansion, va pouvoir se laisser aller, va pouvoir vivre une sorte de vie propre dans laquelle il va pouvoir libérer ce qui a été induit par le reste du tableau. Pour cela, il faut du temps. Cet entre-deux, cet espace intermédiaire, ce no man's land, qui va guider d'une zone à une autre, ou d'une zone à l'extérieur ou hors-champ… c'est dans cette zone que j'espère que le regardant va trouver la réponse à des questions qui ont été suscitées.

La finalité du tableau serait-elle dans cet espace entre deux : masses, lumière, couleurs… ?

Tout semble construit, organisé, architecturé pour conduire le regard vers ce lieu d'incertitude, vers ces zones de disponibilité, vers ces espaces qui s'offrent à la projection de l'esprit, à l'imaginaire. Cette étendue, apparemment non habitée, qui servirait d'exutoire et de résolution aux tensions créées par l'organisation plastique, selon une synthèse non rationnelle des perceptions successives, s'apparentant ainsi à un geste poétique.

(J. Reverdy, Notes d'atelier*)*

A.-L. S. : C'est pour cela que je parle d'un « entre ». Un espace entre la toile et le regardant, des espaces vacants dans le tableau car c'est là que se fait la démarche d'appropriation.

J. R. : D'appropriation et d'exutoire. L'un de mes propos aussi, c'est d'avoir au moins une double lecture. Dans l'exposition, on voyait cette toile [cf. illustration ci-après] à une distance de quinze ou seize mètres. De très, très loin. En approchant… J'ai tendance à utiliser la métaphore de l'île. Je compare souvent le tableau à une île quand tu es en avion. En avion, tu domines l'île. Tu la vois dans son ensemble. Tu en vois la morphologie extérieure, quelques éléments. C'est tout. Tu te rapproches, et tu atterris dans l'île… Ensuite, par la marche à pied, tu vas avoir une autre perception. Tu vas voir apparaître toute une vie, un fourmillement d'éléments qui te mettent en relation avec l'intimité de l'île. C'est une deuxième lecture et c'est cela qui se passe lorsqu'on se rapproche progressivement du tableau : on change l'échelle de vision.

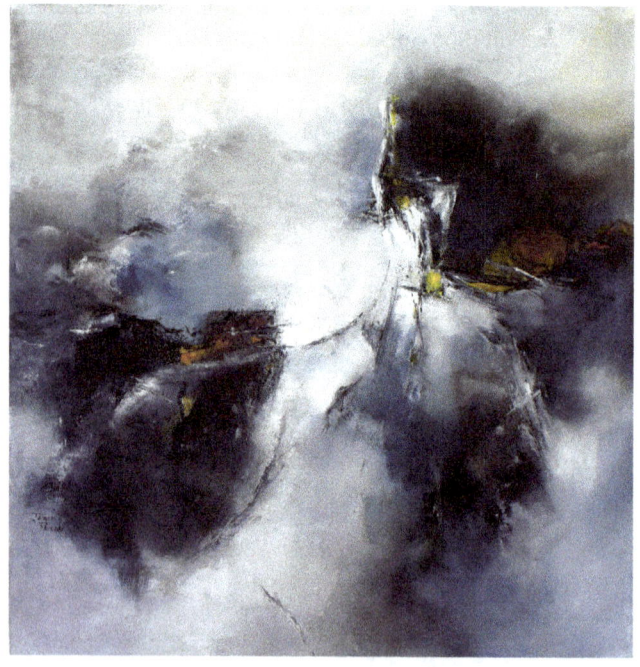

« *Traversée des apparences* »,
huile sur toile, 29 avril 2011, 150*150

> *Dans la musique, les silences résonnent encore des sons perçus, des harmoniques qui se prolongent : une attente éphémère s'installe, préparatoire aux nouveaux développements. Mais l'œuvre musicale est liée au temps de l'exécution, aussi le silence devient-il nécessairement anxiogène lorsqu'il marque la fin de l'œuvre. Dans le cas du tableau, le parcours peut être repris à l'infini et ne cesser que selon la volonté du regardant.*
>
> *(J. Reverdy,* Notes d'atelier*)*

A.-L. S. : Revenons sur la dernière phase du processus. Tu dis qu'à un moment donné, tu sens que cela va s'arrêter. L'épuisement psychique, l'épuisement physique, la peur de s'arrêter. Mais cela finit par arrêter. Après, y a-t-il un exercice réflexif sur soi-même? Tu regardes la toile. Tu la contemples? Tu me disais : « Le soir, j'y reviens, j'y retouche. » Ce processus?

J. R. : J'essaie de devenir un peu spectateur de moi-même. Ou scrutateur, si tu veux. Comment disais-tu pour les textes? Réviseur.

A.-L. S. : Il y a une phase de correction? Cela t'arrive de revenir sur une œuvre?

J. R. : Oui, heureusement. Il m'arrive même de revenir dessus longtemps après. Si je le vois.

A.-L. S. : Cela veut dire plusieurs années?

J. R. : Plusieurs années, peut-être pas. J'ai le soupçon de quelque chose qui me dérange, lorsque j'ai besoin de sortir des toiles pour une exposition : s'il y en a une que je mets systématiquement de côté, c'est qu'il y a un problème. Je ne l'ai pas revue depuis longtemps parfois. C'est juste au moment où je trie que je ne la sors pas. Je finis par la sortir et par reconsidérer son existence!

A.-L. S. : Est-ce qu'il arrive que tu reprennes une œuvre qui a été exposée au regard?

J. R. : C'est arrivé, très rarement.

A.-L. S. : Quand la toile sort de l'atelier?

J. R. : Je l'assume. La dernière exposition, il n'y en a aucune que j'ai reprise. D'ailleurs, c'est ce que j'ai dit à la galeriste : « Ce que tu as, je l'assume de A à Z! »

A.-L. S. : Il y a un caractère d'irréversibilité?

J. R. : Non, rien n'est irréversible, je le dis souvent. Mais s'arrêter, c'est aussi un acte de courage. Savoir s'arrêter de parler, savoir s'arrêter d'écrire. Il y a un moment ou cela devient un problème de responsabilité. Étant entendu que, comme un texte, tu peux remanier la toile à l'infini.

> *L'aspect non figuratif de la peinture n'exclut en rien la nécessité de s'interroger sur la dimension et l'éventuelle portée du discours induit. Comme dans tout message, un contenu est proposé à la lecture.*
>
> (J. Reverdy, Notes d'atelier)

A.-L. S. : Il y a une dimension éthique à ton travail, où tu réfléchis constamment à la « portée » de ton tableau. La portée du tableau…?

J. R. : C'est le sentiment d'essayer de déclencher l'envie, le désir de se confronter à ce que j'ai fait et surtout de ne pas laisser indifférent. C'est le pire, l'indifférence. Si le tableau provoque de la colère, cela ne me dérange pas. Si on me dit qu'on ne peut pas le regarder, je l'admets. Au contraire, une adhésion qui est quasiment mythique, une adhésion violente, peut être excessive parfois. Mais quelqu'un qui passe et qui ne regarde même pas, c'est la pire des choses. Picasso disait qu'une toile n'est pas faite pour décorer un mur, car c'est un instrument de lutte contre la barbarie et l'obscurantisme. C'est très ambitieux. Je ne veux pas m'approprier une telle déclaration mais je souscris à cette pensée. J'ai toujours l'espoir qu'il va se produire un déclic chez le regardant et mieux encore que cela va durer.

Par exemple, on lit parfois – je ne sais pas si tu en lis – de la poésie. Des amis, récemment, nous ont offert un recueil de Denis Wetterwald[5], je ne le connaissais pas. C'est quelqu'un qui est allé passer un mois en Lettonie dans une petite ville portuaire qui s'appelle Ventspils. Il a fait une résidence d'artiste et, quand il est revenu – il a passé un mois ou deux dans la neige, le froid – il a écrit un livre de poèmes. Dès le lendemain, je me plonge dans le livre. Je n'ai pas pu le lâcher. Délectation pour moi. Je l'ai donné à Claude. Je lui ai dit : « Lis cela! » Même chose […]. Ceci pour dire que le contact avec cette poésie a été pour moi une révélation. Je lis pourtant beaucoup de poésie. Cela m'a profondément marqué. L'essentiel, c'est de ne pas rester indifférent. S'il y a indifférence, cela veut dire que c'est trop bavard, ou que tu n'es pas prêt à le recevoir ou que c'est trop hermétique. Cela peut te provoquer une répulsion, aussi. Ce n'était pas le cas. Depuis, on a eu l'occasion de connaître Denis Wetterwald […]. En fait, c'est aussi un comédien et metteur en scène, qui génère une jubilation intense, par son humour raffiné, sa culture, sa drôlerie sans une once de vulgarité.

Poème de Denis Wetterwald inspiré par l'œuvre de Jacques Reverdy	
Aiguiser son regard	*Décrypter le monde*
À la pierre du soleil	*Dans un fouillis de palimpsestes*
Percer le vent	*– redites accumulées comme poussières de siècles –*
Malgré l'épaisseur des nuages	
Collés aux obsessions rétives du ciel	*Et devant l'inanité du grand tout*
Fixer l'invisible	*Finir écrasé par le non-sens primordial*
Le faire plier	
Appréhender la vie	*Et en savourer*
Hors du cadre	*Apaisé*
Retourner la toile	*La victoire*
Fouiller ses revers	
Nommer ses erreurs et ses errances	

---

[5]Denis Wetterwald, chanteur, comédien, auteur de pièces de théâtre (D. Wetterwald et son orchestre), metteur en scène. Il a écrit sur Alexandre Vialatte, Joseph Delteil, etc. En 2013, *Silence à fendre, un hiver à Ventspils*, poèmes. En 2014, *101 poèmes de poètes tués par la guerre* suivi de *Foutez-nous la paix!*, texte théâtral. Tous deux parus chez Villèle Éditions.

A.-L. S. : Tu es capable de mettre des mots sur ta propre œuvre?

J. R. : Non. Tu veux dire?

A.-L. S. : Tu viens de parler d'humour, de drôlerie pour qualifier l'œuvre de Denis Wetterwald...

J. R. : Non. Totalement incapable. J'ai parfois du mal à mettre un titre, puisque c'est pratique de mettre des titres. Déjà, cela est très compliqué pour moi. Parfois, j'ai l'impression de réussir. Pour celle-là, ce n'est pas trop mal réussi. Comment je l'ai appelée, déjà? *Traversée des apparences*. Quand je parle de mon travail, je peux évoquer la pratique, la pensée, les hésitations, les doutes... Mais je ne peux analyser mon propre tableau, ce serait totalement antinomique avec ce qui a été dit précédemment : le tableau est dans l'œil de celui qui regarde.

A.-L. S. : Tu décris la technique...

J. R. : Des techniques de construction, mais pas seulement j'espère. Cela [*en montrant une zone sur la toile*], par exemple, est très important. Cela est très travaillé. Tu as toute une espèce de montée qui fait écho à ceci tout en laissant les libertés de passage et autres. Je peux parler de cela. Mais je ne peux pas dire ce que cela doit produire. Je n'en sais rien. Tout ce que tu sais, c'est que cela va produire quelque chose. Je l'espère. Je n'en suis pas sûr. Je l'espère. S'il y a des gens qui veulent bien regarder.

A.-L. S. : Ta peinture a-t-elle un genre?

J. R. : J'ai un certain esthétisme, un certain sens de la mesure, du raffinement, très français je crois. En France il n'y pas ou peu de peinture expressionniste comparable à celle que l'on trouve chez les peintres allemands, autrichiens, ou belges tels Otto Dix, James Ensor, Kokoschka... Les exemples sont rares : Van Gogh, Soutine, Picasso... mais ils sont venus avec leur propre culture. Peut-être Paul Rebeyrolle... qui n'a pas accédé à la notoriété de ses contemporains. Ma peinture n'est pas une peinture brutale, qui crache des couleurs, qui coule sans contrôle, ce qui ne veut pas dire qu'elle n'aît pas je crois, une certaine force expressive. Si une violence est parfois perçue, c'est au travers du regard de l'autre. Sans sombrer dans le décoratif, j'ai besoin d'une « belle matière ». Je sacralise un peu la peinture à l'huile, issue de la Renaissance, par opposition à la peinture acrylique, qui me paraît moins subtile même si je l'utilise dans certains cas…

> *La fin du tableau serait-elle déjà dans le premier contact avec la toile? Rien n'est moins sûr tant la lutte est souvent âpre, pleine d'imprévus, de repentirs, d'avancées, de doutes… Et cependant, si la fin n'est pas inscrite dans le geste initial, l'impatience de finir est bien présente, impérative et exigeante. Cette conscience simultanée du commencement et de la fin va générer repliement sur soi, solitude, angoisses, interrogations, va exiger concentration et rupture avec un contexte.*
>
> *Telle une véritable ascèse, une recherche de soi. Et c'est bien de cela qu'il s'agit, de cette réalité qui se dérobe sans cesse, que l'on croit atteindre et qu'il faut rechercher à chaque recommencement.*
>
> (J. Reverdy, Notes d'atelier).

A.-L. S. : Et dans la phase d'après la réception par le regardant, que se passe-t-il? Tu recommences? Paradoxalement, alors que tu sais que tu t'es transformé par la toile se faisant, que tu as appris dans l'exercice, que tu as créé quelque chose de nouveau, car cela n'existait pas et que toi, tu t'es renouvelé comme personne, tu n'es pourtant pas encore au bout du projet que tu t'es donné d'être. C'est cela, la trajectoire?

J. R. : Oui. Quand je parle de l'entre-deux, c'est vrai pour celui ou celle qui regarde, c'est vrai pour toi et pour moi aussi. Il y a des espaces de vacance qui sont les miens et qui me laissent le champ libre pour les réaménager d'une autre façon et aboutir à autre chose tout en étant la même chose.

A.-L. S. : Tu exprimes, dans l'un de tes textes, trois sensations. Tu parles d'un vertige, d'un tout – d'une totalité – et de l'inattendu.

> *Rechercher la vertigineuse impression d'unir en un même geste la construction de l'espace, l'intensité de la lumière, les pleins et les vides, le plan réel et les plans virtuels.*
>
> *(J. Reverdy,* Notes d'atelier*)*.

J. R. : Oui, oui. C'est important.

> *S'impose le rapprochement avec la direction musicale qui, à un instant donné, doit également réaliser cette fusion de toutes les composantes de l'œuvre en faisant naître un sentiment d'évidence.*
> *Faire surgir la lumière de l'inattendu. »*
>
> *(J. Reverdy,* Notes d'atelier*)*.

A.-L. S. : Il y a le vertige, le tout et l'inattendu. J'ai entendu tout cela dans ce que tu disais. Dans le vertige, j'entends la complétude de l'expérience de la fulgurance dont tu parlais tout à l'heure. Je me dis, en t'écoutant : on ne peut pas arrêter de peindre, car ce que tu fais, c'est exister par la peinture et par cette expérience complète. Un épistémologue que tu connais sans doute, John Dewey, dit : il y a des expériences fragmentées et des expériences complètes. Cette expérience complète est cette expérience unique, mais qui, j'imagine, se produit chaque fois que tu ressens cette fulgurance. L'expérience revient souvent dans ton vocabulaire. Le vertige, je l'associe à cette expérience en train de se faire qui te rend vivant et qui te rend existant au monde. Le tout, je l'associe à la quête d'une compréhension du monde que tu portes en toi et que tu essaies de révéler aux autres. L'inattendu, dont on n'a pas tant parlé, la surprise, l'élément de surprise…

J. R. : Je cherche à me surprendre.

A.-L. S. : C'est une mise en danger de toi-même. Est-ce dans le premier moment…?

J. R. : Il y a un goût du risque.

A.-L. S. : Tu disais que c'est du courage que d'arrêter la peinture. Il y a aussi un courage à se lancer?

J. R. : Sûrement. Il y a le courage à se lancer. La peur de la page blanche, je ne l'ai plus. La plupart des gens qui n'en ont pas l'habitude l'ont. Comme la peur de la prise de parole. Ils peuvent avoir cette véritable angoisse. La peur, je ne l'ai pas, parce que... Je vais prendre un exemple. Quand j'avais des élèves dans le cadre de l'enseignement de l'éducation nationale, je leur donnais un thème, je fixais les paramètres sur une grille de notation et il fallait qu'ils se mettent au travail. Je sais qu'ils avaient, eux, l'angoisse de la page blanche. Comment travailler dans une durée limitée? Il y a une certaine inquiétude pour le pédagogue à déclencher le processus créatif. L'un des moyens consistait pour moi à aller voir chacun des élèves et à exiger d'eux qu'ils tracent un trait : « Ce que vous voudrez. Tracez un trait! » Dès l'instant où ils avaient tracé un trait, ils s'étaient approprié la feuille.

À partir de là, ce trait en engage d'autres. Il induit des réponses. Le démarrage est à la fois angoissant, mais en même temps très facile à condition d'accepter l'aventure qui se prépare. Exactement comme – je prends une comparaison que je n'ai pas encore prise – tu es dans un lieu donné, géographique, et tu prends un chemin. Tu n'as pas de balisage, tu n'as pas de carte d'état-major. « Je m'en vais. » « Je vais me balader une heure ou deux. » Tu prends un risque de ne pas revenir sur tes pas, de te perdre. Cela a un côté aventureux. Cela a quelque chose de fascinant. Cela me paraît très motivant, parce que c'est être dans quelque chose qui n'a pas été vécu, tu as vécu d'autres aventures, mais pas celles-là, même si elles ressemblent aux autres et même si elles sont entre deux aventures comparables, il n'empêche.

Et puis, une chose importante aussi : pour ma part, quand je suis en détresse sur une toile, je change de point de vue... Je change la position de la toile : en la faisant tourner sur chacun des côtés, en changeant l'angle de vision, la distance. Cela permet souvent de percevoir ce qui ne va pas dans le tableau et de donner une nouvelle piste pour poursuivre. Une telle démarche pouvait être déroutante pour les élèves ingénieurs qui découvraient souvent que, même dans une démarche rigoureuse, il peut être nécessaire de prendre du recul et d'aborder le problème à résoudre par un autre versant. La recette miracle n'existe pas; le facteur humain, l'intuition restent les maîtres du jeu.

> *La lumière comme recherche de la pureté, de l'intensité. Il convient d'éliminer les parasites afin d'aller vers un idéal de clarté : spirituelle ou non, peu importe; elle constitue en tout état de cause un pôle attractif intense vers une sorte de plénitude apaisée, vers un silence méditatif. Et c'est bien de cela qu'il s'agit : de cet espace offert qui tend à transgresser la forme, de ce silence qui n'en finit pas d'être habité lorsque se tait l'instrument.*
>
> (J. Reverdy, Notes d'atelier).

A.-L. S. : Quand on dit que le travail de l'artiste n'est pas finalisé, qu'il n'a pas une issue préconçue, mais qu'il est plutôt un chemin, un projet qui se révèle en situation. Est-ce qu'il y a pourtant une sorte d'idéal en tête? Spirituel, formel ou autre?

J. R. : D'aucuns vont répondre à cela par le terme de « spiritualité ». Pour ma part, je n'analyse pas cet aspect des choses. Le travail que je fais devient une quête de soi, une ascèse. Cela veut dire que, quelque part, je me donne une démarche, une sorte de béquille pour vivre, puisque si je ne peins pas, j'ai l'angoisse de ne plus pouvoir peindre. Petite anecdote : quand nous partons en voyage pour une semaine, je n'ai pas de problème, mais quand nous partons longtemps, pendant les deux ou trois derniers jours avant de partir, je suis un peu malade. Je n'ai pas envie de partir. Il faut que je range tout mon matériel. J'ai l'angoisse, à mon retour, de ne plus savoir peindre. Une véritable inquiétude. Quand on est parti, au bout d'une semaine, quinze jours ou trois semaines, je commence déjà à ne pas dormir, à cause de ce que j'ai envie de faire. Cela veut dire que c'est profondément existentiel. Je ne passe pas mes matinées à lire le journal du jour! Jamais, jamais, jamais je ne fais cela. Si je faisais cela, c'est que je serais complètement à plat et que je n'arriverais pas à faire autre chose. Cela ne m'arrive jamais, parce que je me sentirais coupable. Coupable de ne pas travailler.

A.-L. S. : On revient au travail dont tu parlais la dernière fois. Est-ce qu'on est encore dans le champ de la créativité? Peut-être bien au cœur. Une exigence. Le travail d'être toi-même, authentiquement toi-même dans ce qui fait ton existence, c'est-à-dire dans le langage de la peinture.

J. R. : Il y a aussi, par rapport à cela... cela, c'est quand même une préoccupation. Il y a des gens qui m'ont fait confiance depuis longtemps et qui continuent à me faire confiance. Des gens qui s'intéressent à mon travail. Acheté ou pas acheté. Beaucoup sont propriétaires d'œuvres et en rachètent. Je me sens une sorte de devoir par rapport à eux. Je souhaite les respecter dans la confiance qu'ils m'ont accordée en faisant, de temps à autre, une exposition. Leur montrer que je continue à travailler. Parce qu'il n'y a rien tant qui dérange les gens dans leur ensemble que d'imaginer quelqu'un qui s'est arrêté d'écrire ou de peindre. Quelqu'un qui a fait trois petits tours et c'est terminé, il passe à autre chose. Je trouve que cela peut être troublant pour les gens qui t'ont fait confiance.

A.-L. S. : Il y a donc une inscription dans une temporalité et dans un collectif?

J. R. : Après cela, je n'ai aucune espèce de préoccupation. Tu parles de postérité. Tu as vu que je réagissais tantôt. Je n'en ai rien à faire, de la postérité. Si je pouvais, je rayerais tout. J'aimerais qu'il ne reste rien. J'aimerais qu'il ne reste rien, parce que je ne crois en rien après, nous sommes dans monde de l'éphémère. Mon activité m'aide à vivre sûrement, me porte. Cela me procure quelque chose de très profond. Je ne sais même pas si je peux parler de plaisir. C'est une addiction. L'addiction comme celui qui prend sa drogue très régulièrement, parce qu'il en a besoin tout en se disant parfois : « Il vaudrait mieux que j'aille à la pêche à la ligne. » Au moins, à la pêche à la ligne, tu es « peinard » comme dit Léo Ferré, tu es « tranquille ». Le symbole, c'est très exigeant. C'est dévorant comme activité. Comme pour quelqu'un qui ne peut pas se passer d'écrire. C'est une dévoration. Cela ne te laisse jamais en paix. Je ne suis en paix que lorsque j'ai la disponibilité pour peindre et, en même temps, cela est encore un travail. C'est une activité qui est très exigeante et qui est épuisante. C'est épuisant.

A.-L. S. : Je me suis permise de mettre un mot sur ta démarche quand tu disais que tu n'es pas dans une logique hypothético-déductive : l'abduction, au sens des pragmatistes comme Pierce et Dewey. Ils identifient plusieurs raisonnements ou inférences logiques complémentaires. La déduction, quand on part d'hypothèses générales que l'on cherche à valider empiriquement, et l'induction quand on part de l'observation empirique pour remonter à des hypothèses générales. Dans l'agir créatif, s'ajoute une logique d'une troisième nature, *abductive* : une situation, déroutante, me révèle un problème inexpliqué sur lequel je formule des hypothèses nouvelles par un acte créateur/créatif. Au final, au moment de peindre, de reprendre cette projection spontanée initiale, alors que tu lui donnes sens en toi en te disant qu'un travail de formulation est nécessaire plutôt que de laisser aller la seule spontanéité, j'ai l'impression que c'est là que tu formules tes hypothèses propres et innovantes sur la toile. Le raisonnement qui se met à l'œuvre est complètement créatif et abductif. Avec tout cet univers de références que tu t'es constitué, tu formules des hypothèses que personne d'autre n'aurait pu formuler, car c'est toi, comme sujet créatif, qui les formules. Après, elles se révèlent vraies ou fausses selon la réception.

J. R. : Je suis tout à fait d'accord avec toi. J'utiliserais un terme, aussi, qui n'a pas tout à fait le même sens, mais qui traduirait aussi ce qui se passe. C'est le terme de « syncrétisme ». Cela peut se discuter. C'est presque de l'ordre du religieux. C'est une sorte de perception et de mise en œuvre simultanée de toutes nos possibilités intellectuelles, voire physiologiques et psychologiques, où tout se trouve rassemblé dans une espèce d'accord, de fusion, à savoir qu'il n'y a pas de commencement et de fin. C'est presque une sorte de perception simultanée dans des moments assez exceptionnels qui peuvent durer plus ou moins longtemps, où tu as l'impression de mettre en jeu, de mettre en œuvre, tout ce que tu peux faire. Tout ton être est tourné vers quelque chose. Je dirais presque aussi comme dans un acte d'amour.

> *Il me semble que ma démarche procède d'une dialectique mettant en présence des forces antagonistes et non d'une rhétorique qui s'apparenterait à un discours verbal. En effet, chacun des éléments plastiques pris isolément ne « raconte » rien d'anecdotique ou de symbolique. Nulle intention de construire un récit dans lequel forme, graphisme, couleur constitueraient les jalons d'une histoire… il n'empêche que le « regardant » pourra selon sa culture, sa sensibilité, construire son propre récit. Si tel tracé agit comme une réminiscence, il est pour moi avant tout porteur d'énergie, si une couleur renvoie à un objet, elle n'y figure qu'en raison de la nécessité de l'instant… Je suis pourtant assuré que les données plastiques qui reviennent avec insistance dans mes compositions résultent elles aussi de traces personnelles non identifiées et sûrement non identifiables, de ce chaos intérieur qui cherche constamment à se mettre en forme pour entrer en relation avec l'autre.*
>
> (J. Reverdy, Notes d'atelier*)*.

A.-L. S. : Parmi les autres idées que j'ai notées dans tes écrits, la notion de relation, on en a parlé. La relation alors que tu me parlais de ces « entre » que tu libères pour que le regardant trouve le chemin de sa propre révélation. Tu insistais – on parlait de liberté – sur ton rejet de la logique dominante.

J. R. : Je suis fondamentalement un anarchiste légaliste. Je ne transgresse pas les lois. Je ne crois pas. J'ai une forme d'anarchisme que d'autres pourraient traduire par de l'individualisme.

On peut le voir comme cela aussi. Une forme d'individualisme. Mais je n'aime pas trop ce terme d'« individualisme », je ne souhaiterais pas être enfermé dans une sorte d'ego hypertrophié. En donnant aux autres, en dialoguant avec les autres, en acceptant les autres, je retourne au collectif… Ce regard extérieur me semble incontournable pour continuer à chercher. Que deviendrait le comédien sans public ?

> *« On voudrait une peinture programmatique, qui replacerait le regardant dans la situation confortable d'une réponse s'inscrivant dans une logique rigoureuse ne laissant aucune place au hasard. Certaines démarches de la peinture dite abstraite ont effectivement pris de tels chemins, rythmés par la mythique section d'or, à savoir une prétendue norme élaborée par les mathématiciens (1,618) censée réguler définitivement la composition de l'image, l'architecture, voire la nature.*
>
> *Dans ma recherche le lien existe avec cette géométrie régulatrice. Il est inhérent à notre culture, induit par notre environnement, enrichi par les œuvres qui nous sont parvenues. Mais il est enfoui dans mon intériorité : il s'y est modelé, disséqué, transformé en énergie, en improvisation apparente par la prise en charge du hasard à chaque instant. La recherche créative s'accommode mal des règles et des limites, sous peine de sombrer dans un académisme réducteur.*
>
> *(J. Reverdy,* Notes d'atelier*)*

A.-L. S. : On a parlé d'étonnement…

J. R. : Picasso disait à Édouard Pignon, qui était l'un de ses amis peintres : « Étonne-moi. » Ou plutôt, c'est Cocteau qui utilisait cette expression, « Étonne-moi. »

A.-L. S. : Je pense que tu m'as parlé aussi, ou c'est peut-être la fois d'avant, de catachrèse, tu sais, cette façon de détourner l'outil. On va là plutôt du côté du « comment » et de la technique, et du comment la technique détermine l'œuvre, la création. Est-ce que cela fait partie de la surprise et de la découverte que de jouer avec les matériaux et les outils, de les détourner et de provoquer la création par ce biais?

J. R. : Oui, c'est juste. Je ne me rappelais pas que j'avais évoqué cela. C'est important en particulier dans le geste graphique, qui doit être réalisé « à cru » dans un seul élan, comme une figure de danse... Je ne me suis jamais risqué, parce que les circonstances ne s'y prêtaient pas, à faire des grands graphismes sur des surfaces de vingt ou trente mètres carrés... comme, par exemple, le peintre Georges Mathieu... qui faisait de grandes démonstrations en mettant des pinceaux au bout de grandes perches. Il réalisait de grandes peintures sur une scène de théâtre le plus rapidement possible. Il a introduit, disait Malraux, la notion de vitesse dans l'art occidental. La notion de vitesse, c'est un acte transgressif aussi, car le dessin, la peinture, ce sont des actes de lenteur selon les principes de l'académisme. Introduire la notion de vitesse, c'est ce qu'on trouve dans le croquis. Cela demande beaucoup de vitesse, et la réalité de l'individu est davantage dans le croquis que dans l'œuvre finie, en ce sens que tant que les croquis étaient considérés comme des croquis, le tableau fini demandait beaucoup de temps de réalisation selon les techniques de l'académisme. En revanche, si tu ériges le croquis en œuvre finie, tu introduis une vitesse d'exécution qui fait que ta vérité est dans ce trait avec toutes ses imperfections, alors que dans l'acte académique, le trait, on va le gommer jusqu'à ce qu'il soit figé tel que tu veux le faire. C'est une conquête des Impressionnistes. Une sorte de naturel. Par rapport à la danse classique, si on regarde la danse classique par rapport à la danse telle qu'elle intervient avec les ballets russes, avec Stravinsky par exemple, où le danseur cesse de danser selon des codes très figés – la tenue, le tutu, *Le lac des cygnes*, quoi! – et passe à un autre langage de danse qui fait que c'est le corps qui s'exprime le plus possible, même s'il y a de la technique, avec une sorte de naturel qui peut aller jusqu'au vulgaire, mais qui peut aussi aller jusqu'à des élégances rares, étonnantes et extrêmement fugaces. Le risque, c'est que tu te figes dans une espèce d'esthétisme où le geste serait toujours pareil, parce que réinventer un geste à chaque fois, c'est toujours difficile, parce qu'on est vite contraint. En changeant d'outil, il m'arrive de poser l'encre avec des outils complètement incongrus que j'ai détournés de leur objectif initial, de la raison pour laquelle ils ont été fabriqués. Et inventer un outil t'oblige à repenser le geste. Le peintre Raoul Dufy, qui se trouvait trop habile de la main droite, dessinait souvent de la main gauche pour retrouver une maladresse qui oblige à repenser le geste. Cela permet de retrouver la surprise, de se surprendre soi-même.

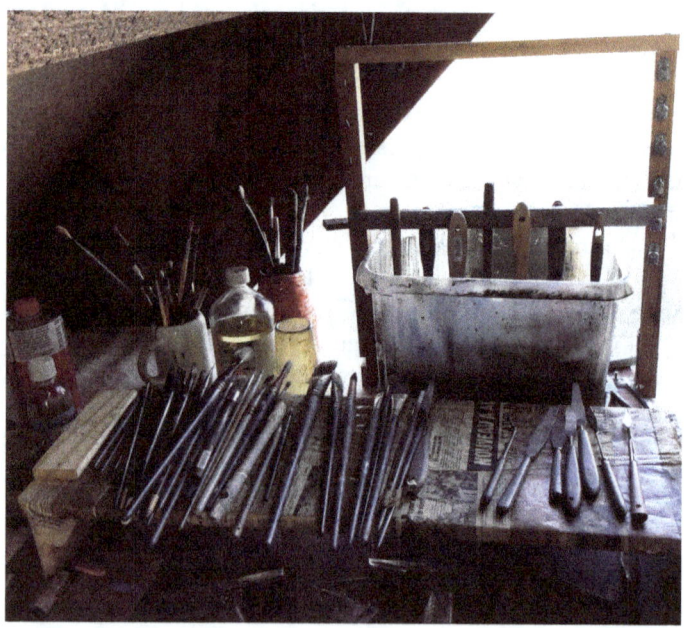

Pinceaux,
atelier du peintre, mars 2014.

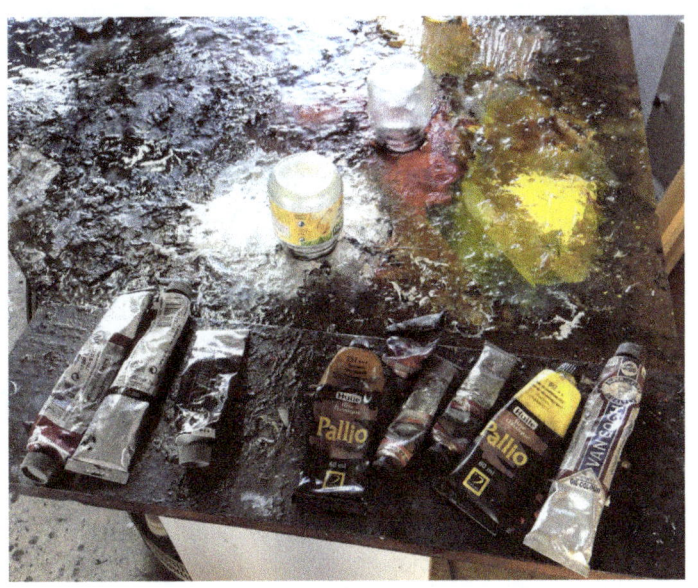

Tubes de couleur,
atelier du peintre, mars 2014.

Le pinceau plus ou moins volumineux, à la fois pointe et réservoir, la plume douce et acérée, précise et fantasque, crachant parfois de manière imprévue un excédent d'encre. Les spatules en métal, bois, parfois recouvertes de mousse… les brosses et spalters plus ou moins larges et, sans rentrer dans le détail, la multiplicité de pinceaux plus ou moins fins, souples, fermes : martre, petit-gris, soie de porc…

Toute une panoplie d'outils figés par un certain académisme, précis et fidèles, mais également des outils plus inattendus, au besoin inventés dans l'instant, autorisés par le développement de pratiques artistiques transgressives, affranchies des règles rigides.

(J. Reverdy, Notes d'atelier*)*

La maîtrise d'une technique donnée peut avoir un effet anesthésiant sur la recherche et donc sur le sens créatif, tant il est vrai que la facilité tend à abaisser le seuil des exigences internes.

> *Aborder de nouvelles techniques, se mesurer à de nouveaux outils, c'est malmener les habitudes, chercher querelle aux certitudes, mettre en jeu de nouvelles forces susceptibles de vaincre les difficultés. Aussi n'est-il pas rare de voir le peintre « inventer » de nouveaux outils, détourner tel outil de sa fonction initiale...*
>
> (J. Reverdy, Notes d'atelier).

A.-L. S. : Quels sont les différents lieux de ta création? J'ai l'impression que ton atelier est le lieu du travail d'exécution. Juigné, Angers... la région angevine est-elle un milieu créatif? Et le voyage, est-il le lieu du ressourcement de l'inspiration, de l'incubation des idées?

J. R. : Ces lieux que tu évoques jouent un rôle, mais en dehors de l'atelier, vers lequel je reviendrai, je voudrais mettre en évidence les Corbières de mon enfance, les étangs du Languedoc, les paysages en général, ceux du centre de l'Espagne en particulier, de la Bretagne, de la Norvège plus récemment, de la Loire auprès de laquelle nous habitons. Certaines villes exercent une fascination, surtout celles dans lesquelles on peut se perdre : Venise, Prague... qu'il faut reconstruire à chaque passage.

À propos de l'atelier, je te cite deux souvenirs d'enfance qui ont pris sens en avançant dans la vie. J'ai vécu mes premières années au premier étage d'une maison très modeste dans la ville du midi dans laquelle je suis né. Les premiers souvenirs se fixent assez tôt, je crois. Je me souviens que dans la cuisine, il y avait une fenêtre qui donnait sur une cour derrière la maison. Quand je me penchais par cette fenêtre, je voyais la tonnelle formée par un bignonia, une plante à fleurs oranges, et j'imaginais que j'allais construire, avec la fenêtre pour ouverture, une sorte de cage dans laquelle je serais installé, au milieu des quelques livres et autres menus objets qui constituaient mon univers d'enfant.

A.-L. S. : C'est donc ton atelier qui fait office aujourd'hui de cette bulle?

J.R. : Oui, une enveloppe suspendue, pleine de transparence... comme je me voyais, enfant, rassembler tous mes trésors dans cette cage qui m'appartiendrait. J'y vois une enveloppe protectrice dans laquelle j'ai à portée de main tout ce qui m'est indispensable... ou que je crois indispensable! L'autre souvenir qui est resté ancré profondément est lié à mes grands-parents paternels. Dans une pièce à l'étage (coïncidence?), il y avait un grand placard en hauteur dans lequel je grimpais en montant sur une chaise. Dedans, mes grands-parents avaient mis tous leurs livres : j'étais assis au milieu des livres, j'y passais des heures. L'atelier est lui aussi à l'étage, très vitré, il s'ouvre sur un paysage, des arbres... J'y ai rassemblé tout ce qui structure ma vie : peinture, pédagogie, musique, livres, guitares, roches et minéraux...

A.-L. S. : Si l'atelier est un lieu de création/exécution, il ne peut pas être un lieu d'exposition?

J. R. : Ce n'était pas prévu, non! Mais il n'empêche que depuis quelques années, après l'arrêt de l'activité professionnelle, une amie (agent d'artistes) organise des visites d'ateliers (trois ou quatre fois dans l'année) que j'ai acceptées car j'y ai trouvé le moyen d'approfondir une réflexion sur mon travail et, en quelque sorte, de poursuivre ma démarche d'enseignant... en entretenant un discours, une parole... Ce sont par ailleurs des moments qui permettent de sortir de la solitude de la recherche. La seule condition que j'ai posée comme principe c'est qu'il n'y soit jamais question de vente – il y a les expositions pour cela, les participants sont prévenus à l'avance. La rencontre avec les visiteurs est libre de toute contrainte, entièrement dédiée à l'approche de mon travail selon les questions qui me sont posées et les discussions qui s'installent.

Quant au milieu artistique local ou régional... il est... le moins présent possible! Sans doute de mon fait! À une époque, j'ai croisé quelques groupes mais cela ne me convenait pas. Claude et moi avons plutôt un tissu relationnel assez étoffé du point de vue intellectuel et artistique (musique, poésie, peinture, etc.). Devenus pour la plupart des amis proches : ils m'ont fait confiance à des moments clés et je leur dois beaucoup notamment dans les périodes de doute.

A.-L. S. : Et ton agente artistique?

J. R. : C'est une personne rencontrée au hasard d'un festival de musique consacré à Jean-Sébastien Bach. Les liens se sont établis en particulier lors d'une exposition personnelle dans le cadre de ce festival. Dès qu'elle a pu, elle s'est consacrée à l'activité d'agent d'artistes. Elle s'occupe donc maintenant de l'organisation des visites de l'atelier, de démarches auprès de galeries, d'expositions de groupe et du lien avec les personnes extérieures. Autant de démarches que je suis incapable de faire. Inutile de préciser qu'elle est totalement en phase avec ma recherche.

A.-L. S. : Et les voyages sont-ils l'occasion de renouveler ton répertoire d'images et de sensations qui nourrissent ensuite ta création?

J. R. : Oui, tout comme la musique. Une source d'émotions qui sous-tendent ensuite la peinture, mais pas de manière directe, plutôt lorsque le temps a fait son travail de décantation et de tri. Le voyage correspond pour moi à un besoin existentiel de partir, d'aller voir l'ailleurs. C'est une expérience salutaire car c'est une façon de se confronter à des visions nouvelles, d'échapper un peu à cette drogue parfois obsédante de la peinture. Une manière détournée de concevoir et de rejoindre ces espaces apparemment vides laissés dans mes tableaux. Des lieux d'évasion qui font voir d'autres aspects de la vie, observer la diversité du monde et s'émerveiller de l'instant, du privilège d'être là, de s'offrir de vivre intensément le moment présent, la rencontre…

A.-L. S. : Maintenant, je vais faire l'exercice inverse. Je vais te donner les mots clés que j'ai lus et tu vas me dire s'ils te parlent pour définir l'agir créatif. Je suis partie de l'ouvrage de Hans Joas [*La créativité de l'agir*], un sociologue allemand, qui examine, dans les grands courants de la sociologie, les traces d'un agir créatif. Il analyse toute cette littérature classique pour formuler, au final, ses propres bases d'une théorie de l'agir créatif. Quels en sont les ingrédients? La confrontation à une situation problématique, dans laquelle les fins de l'action ne sont jamais données d'avance et peuvent être bouleversées par les moyens découverts dans l'action; tout ce que possède le sujet agissant, c'est une « fin en vue ». Une *end-in-view*, en anglais. Cette fin en vue est en quelque sorte un projet, et ce projet se révèle et se transforme en situation. J'ai l'impression que c'est ce dont nous avons parlé tout à l'heure. L'agir créatif se réalise aussi, si je comprends bien Merleau-Ponty notamment, si on laisse cours à nos inspirations – car on aurait déjà en nous, par le biais de toute une série d'expériences qui font ce que nous sommes, des orientations préréflexives – plutôt que de s'entêter sur une manière d'agir pour atteindre des fins; il s'agit de s'ouvrir à ces orientations préréflexives. Si on est attentif non seulement à la situation, mais aussi à notre corporéité, dépositaire de ces intentions, si on a accès à notre corps et qu'on se libère de toutes sortes de contraintes pour accéder à ces orientations, se permettre un temps de rêver ou de contempler, alors ces intentionnalités préréflexives permettent une approche nouvelle, bref, un agir créatif. Enfin, notre corps lui-même ne nous est accessible que par l'intermédiaire d'un schéma corporel, qui suppose une socialité primaire, antérieure à toute intentionnalité consciente; c'est-à-dire que l'être humain, comme sujet agissant, se constitue dans une intercorporéité. Notre propre corps naît en relation avec celui d'autrui; c'est dans cette intercorporéité qu'au final on choisit son rôle, qu'on réfléchit ce rôle dans l'action, donc qu'on agit de façon plus ou moins réflexive et créative et qu'on accède, quelque part, à une image de soi apte à se renouveler. Trois ingrédients à l'agir créatif : la situation, la corporéité et la socialité.

J. R. : Je me permets aussi de faire état… Je ne sais pas si j'ai évoqué cela? Je préconise, pour qu'il y ait création, de mettre en œuvre la pensée divergente. C'est-à-dire la pensée qui ne refuse a priori aucune solution même la plus invraisemblable, le recul critique ne venant qu'a posteriori. Le brainstorming relève de cette attitude d'esprit. Quand je suis devant mon support de travail, tout m'est théoriquement permis, le potentiel créatif est à son maximum... en principe... Mais de fait, des limites préexistent introduites par mon Moi profond, par l'inscription dans une histoire, une culture... par les œuvres déjà réalisées, qui pèsent de tout leur poids référentiel et qui ont fini par m'identifier même à mes propres yeux, et d'une façon générale, qu'on le veuille ou non, par le monde dans lequel on vit.

Ce dont il faut aussi se défendre toujours, c'est de cette conception que nous ont léguée le XIXe siècle et les Romantiques, selon laquelle l'artiste, l'écrivain ou le peintre seraient des phares éclairant l'humanité, voyant plus loin que le commun des mortels. Je concède et je souhaite que la recherche artistique s'inscrive dans une transgressivité. Je me réfère plus volontiers à la philosophie de Gustave Courbet, qui disait : « Il n'y a d'art qu'un art vivant », à savoir que toute production artistique est liée à un état de la pensée dans un contexte donné. Cette pensée me paraît génératrice d'une grande modestie, même si Courbet avait une assez haute idée de lui-même et même si l'ambition en travaillant est de dépasser le cadre imposé par l'époque.

Les Impressionnistes, en leur temps, ont eu une peinture révolutionnaire. Maintenant, lorsqu'on voit des peintres qui peignent comme Monet ou Pissarro, ils ne sont plus révolutionnaires. La charge révolutionnaire se percevait dans un contexte qui a permis de les identifier en tant que tels. Maintenant, ce n'est plus le cas, ce n'est plus un art vivant, même si les peintres en question se font plaisir et donnent satisfaction à ceux qui les suivent.

A.-L. S. : La « situation » est contextuelle...

J. R. : On pourrait dire, à ce moment, que par voie de conséquence l'art se périme très vite. J'en suis conscient et dans le même temps, je revendique une sorte d'intemporalité dans ma pratique plastique... ce qui est contradictoire avec Courbet! Voilà bien un paradoxe – que j'assume! – de ma recherche... Car je me réfère aussi à Cézanne, qui, à vingt-cinq ans, disait :

« Je veux faire un art comme celui des musées. » Son ambition était que son art retrouve une expression artistique qui soit commune à tous les humains à différentes époques et en différents lieux depuis l'Antiquité jusqu'à lui, Cézanne – je ne parle pas de la Préhistoire; c'est, pour moi, un peu à part. Quand je mets en scène des schèmes plastiques qui correspondent à notre morphologie, à nos gestes, à notre forme de pensée, j'ai le sentiment d'élaborer un langage à la fois commun à tous et polysémique, puisqu'il ne trouvera son sens que dans le regard de chacun, dans l'appropriation qui en sera faite. Il s'agit bien de ce que je cherche à mettre en œuvre pour pouvoir dire un maximum de choses avec les moyens plastiques de base. Le risque, dans une représentation figurative, est de n'accéder qu'à une dimension anecdotique. C'est ce qui est arrivé aux peintres classiques, académiques, aux peintres pompiers du XIXe siècle, où l'arrimage artistique ne provoquait plus aucune espèce de réaction. En me détachant de la représentation, je me donne une liberté très grande. Il n'y a plus d'orientation de la surface. Il n'y a plus de bas et de haut. Parfois cependant, une ligne horizontale s'impose à moi, évoquant une ligne d'horizon, renvoyant à une évocation de paysage. Ce dernier reste malgré tout un paysage imaginaire, un paysage intérieur. La liberté que je me donne m'autorise à bousculer le réel, ou à flirter avec sa représentation pourvu que l'ensemble « précipite » dans ce creuset – le tableau – afin de devenir signifiant.

A.-L. S. : La difficulté est de sortir le vocable de la « création », [ou] de la « créativité », qui est souvent associé au monde de l'art et de l'artiste, pour en faire un vocable accessible, car tout sujet agissant est un sujet créateur et créatif pour peu qu'il s'engage aussi dans cette logique distincte de la logique hypothético-déductive, qui lui est accessible dès lors que l'on priorise les conditions de la liberté, de la divergence et de la problématisation avant la résolution de problème.

J. R : Sans oublier qu'au-delà du discours construit – et la contradiction évoquée précédemment en est une illustration –, la création artistique est avant tout le territoire du doute, de la remise en question permanente et de la prise de risque. Un mode d'existence à l'image de l'aventure de la vie.

> *Point de contrepoint ou de règles harmoniques…*
> *Tout est à découvrir ou redécouvrir à chaque détour*
> *de la trajectoire apparemment hasardeuse, mais ô*
> *combien jubilatoire, choisie.*
>
> *(J. Reverdy,* Notes d'atelier*).*

www.ingramcontent.com/pod-product-compliance
Lightning Source LLC
Chambersburg PA
CBHW050237230526
45470CB00005B/2002